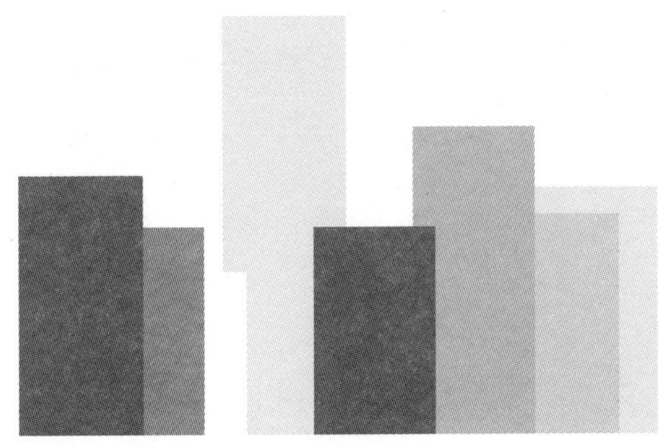

财务会计习题集

CAIWU KUAIJI XITIJI

主　编● 洪　娟　柳　志　周　慧

副主编● 赵媛媛　钟彩霞　周永丽

孙　玲　刘梦洁

中国·成都

图书在版编目(CIP)数据

财务会计习题集/洪娟,柳志,周慧主编.—成都:西南财经大学出版社,2020.3
ISBN 978-7-5504-4315-0

Ⅰ.①财… Ⅱ.①洪…②柳…③周… Ⅲ.①财务会计—习题集
Ⅳ.①F234.4-44

中国版本图书馆 CIP 数据核字(2020)第 006030 号

财务会计习题集

主编:洪娟 柳志 周慧

责任编辑:朱斐然
封面设计:张姗姗
责任印制:朱曼丽

出版发行	西南财经大学出版社(四川省成都市光华村街 55 号)
网 址	http://www.bookcj.com
电子邮件	bookcj@foxmail.com
邮政编码	610074
电 话	028-87353785
照 排	四川胜翔数码印务设计有限公司
印 刷	郫县犀浦印刷厂
成品尺寸	185mm×260mm
印 张	10
字 数	207 千字
版 次	2020 年 3 月第 1 版
印 次	2020 年 3 月第 1 次印刷
印 数	1— 2000 册
书 号	ISBN 978-7-5504-4315-0
定 价	25.00 元

高职教育是我国职业教育体系的重要组成部分，其教材建设是推动高等职业教育发展的重要因素。为了配合高等职业教育“财务会计”课程的教学改革趋势，根据其教学特点，我们编写了财务会计配套习题。

本书内容共分为“财务会计各项目配套习题”和“财务会计模拟测试”两大部分。第一部分主要包括会计业务流程习题，货币资金业务习题，往来款项核算业务习题，存货核算业务习题，固定资产核算业务习题，无形资产及其他资产核算业务习题，投资核算业务习题，税费核算业务习题，职工薪酬核算业务习题，筹资核算业务习题，收入、费用和利润核算业务习题，非货币性资产交换核算业务习题，债务重组核算业务习题，或有事项核算业务习题，借款费用核算业务习题，所得税费用业务习题和财务报告习题；第二部分主要是财务会计综合模拟测试练习。

本书的项目一、项目二由孙玲编写；项目三、项目十、项目十三、项目十四由周慧编写，项目四由赵媛媛编写，项目五、项目七任务三、项目十二由洪娟编写，项目六由李玄编写，项目七任务一由毛政珍编写，项目七任务二由柳志编写，项目八由何芳玲编写，项目九由黄贝编写，项目十一由刘梦洁编写，项目十五由汤文思编写，项目十六由周永丽编写，项目十七由钟彩霞编写。本书在编写过程中参考了有关专家、教授编写的教材和专著，在此表示衷心感谢。

由于时间仓促及编者水平有限，书中难免有疏漏和不当之处，敬请使用本书的师生与读者批评指正，以便修订时改进。

二〇二〇年一月

目录

第一部分　财务会计各项目配套习题

第二部分　财务会计模拟试卷

第一部分
财务会计
各项目配套习题

项目一　会计业务流程

一、单项选择

1. 确立会计核算空间范围所依据的会计基本假设是（　　）。

A. 会计主体　　B. 持续经营

C. 会计分期　　D. 货币计量

2. 企业会计的确认、计量和报告的会计基础是（　　）。

A. 收付实现制　　B. 权责发生制

C. 永续盘存制　　D. 实地盘存制

3. 以下事项不属于企业收入的是（　　）。

A. 销售商品取得的收入　　B. 提供劳务取得的收入

C. 出售无形资产取得的净收益　　D. 出租机器设备取得的收入

4. 下列项目能同时引起资产和负债发生变化的是（　　）。

A. 赊购商品　　B. 接受投资者投入设备

C. 收回应收账款　　D. 支付广告费

5. 下列对会计基本假设的表述中恰当的是（　　）。

A. 持续经营和会计分期确定了会计核算的空间范围

B. 一个会计主体必然是一个法律主体

C. 货币计量为会计核算提供了必要的手段

D. 会计主体确立了会计核算的时间范围

6. 甲企业 2019 年 12 月份发生了一项费用，会计人员在 2020 年 1 月份入账，这违背了（　　）要求。

A. 相关性　　B. 客观性

C. 及时性　　D. 可比性

7. 以融资租赁方式租入一项固定资产，会计上将其视为企业的资产进行确认、计量和报告，列入资产负债表，体现了（　　）的会计信息质量要求。

A. 可理解性　　B. 可靠性

C. 可比性　　D. 实质重于形式

8. 资产按照现在购买相同或者相似资产所需要支付的现金或现金等价物的金额计量，这是（　　）会计计量属性。

A. 历史成本　　B. 可变现净值
C. 重置成本　　D. 公允价值

9. 下列内容不影响利润金额的是（　　）。

A. 当期收入　　B. 直接计入所有者权益的利得
C. 当期费用　　D. 直接计入当期利润的利得

10. 企业对交易或者事项进行会计确认、计量和报告应当保持应有的谨慎，不应高估资产或者收益、低估负债或者费用，所反映的是会计信息质量要求中的（　　）。

A. 重要性　　B. 实质重于形式
C. 谨慎性　　D. 及时性

二、多项选择

1. 可比性要求（　　）。

A. 企业提供的会计信息应当具有可比性
B. 同一企业不同时期发生的相同或者相似的交易或者事项，应当采用一致的会计政策，不得随意变更
C. 不同企业发生的相同或者相似的交易或者事项，应当采用规定的会计政策，确保会计信息口径一致、相互可比
D. 企业对于已经发生的交易或者事项，应当及时进行会计确认、计量和报告，不得提前或者延后

2. 下列各项，体现实质重于形式会计原则的有（　　）。

A. 商品售后租回不确认商品销售收入
B. 融资租入固定资产视同自有固定资产
C. 计提固定资产折旧
D. 材料按计划成本进行日常核算

3. 下列各项中，体现会计核算的谨慎性的有（　　）。

A. 将融资租入固定资产视作自有资产核算
B. 采用双倍余额递减法对固定资产计提折旧
C. 对固定资产计提减值准备
D. 将长期借款利息予以资本化

4. 下列各项属于利得的有（　　）。

A. 出租无形资产取得的收益
B. 投资者的出资额大于其在被投资单位注册资本中所占份额的金额

C. 处置固定资产取得的净收益

D. 无法支付的应付账款

5. 下列各项中，属于本企业资产范围的有（　　）。

A. 融资租入设备

B. 经营方式租出设备

C. 委托加工物资

D. 经营方式租入设备

6. 下列项目中，属于财务报告目标的主要内容的有（　　）。

A. 向财务报告使用者提供与企业财务状况有关的会计信息

B. 向财务报告使用者提供与企业经营成果有关的会计信息

C. 反映企业管理层受托责任履行情况

D. 反映国家宏观经济管理的需要

7. 下列不属于会计要素计量属性的有（　　）。

A. 历史成本　　B. 重置成本

C. 权责发生制　　D. 实质重于形式

8. 根据资产定义，下列各项中属于资产特征的有（　　）。

A. 资产是企业拥有或控制的经济资源

B. 资产预期会给企业带来未来经济利益

C. 资产是由企业过去交易或事项形成的

D. 资产能够可靠地计量

9. 下列各项中，不属于利得的有（　　）。

A. 出租无形资产取得的收益

B. 投资者的出资额大于其在被投资单位注册资本中所占份额的金额

C. 处置固定资产产生的净收益

D. 以现金清偿债务形成的债务重组收益

10. 对下列不确定因素做出判断时，符合“谨慎性”质量要求的有（　　）。

A. 尽量压低负债和费用

B. 合理估计可能发生的负债和费用

C. 充分估计可能取得的收入和利润

D. 不高估资产和收益

三、判断

1. 企业在一定期间发生亏损，则企业在这一会计期间的所有者权益一定减少。（　　）

2. 利得和损失一定会影响当期损益。 (　　)

3. 收入不包括为第三方或者客户代收的款项，也不包括处置固定资产净收益和出售无形资产净收益。 (　　)

4. 资产是指由于过去的交易或者事项形成的，企业拥有或控制的经济资源。 (　　)

5. 费用和损失是指企业在日常活动中形成的、会导致所有者权益减少的、与向所有者分配利润无关的经济利益的总流出。 (　　)

6. 企业会计的确认、计量和报告应当以收付实现制为基础。 (　　)

7. 公司的所有者权益又称为股东权益，它是所有者对企业资产的剩余索取权。 (　　)

8. 损失是指由企业非日常活动所发生的、会导致所有者权益减少的、与向所有者分配利润无关的经济利益的流出。 (　　)

9. 留存收益是企业历年实现的净利润留存于企业的部分，主要包括计提的盈余公积和未分配利润。 (　　)

10. 费用和损失是指企业在日常活动中发生的、会导致所有者权益减少的、与向所有者分配利润无关的经济利益的总流出。 (　　)

四、业务分析

1. 会计的基本假设有哪些？
2. 会计信息质量要求包括哪些？
3. 会计要素是什么？各要素的定义是什么？
4. 会计的计量属性有哪些？常用的是哪种计量属性？
5. 什么是账务处理程序？我国主要的账务处理程序有哪些？

项目二　货币资金业务

一、单项选择

1. 下列各项，符合现金支付范围的是（　　）。

A. 支付办公用品购置费现金 900 元　　B. 购买原材料支付现金 5 000 元

C. 进行投资支付现金 1 000 元　　D. 支付违约金 2 000 元

2. 企业一般不得“坐支”现金，因特殊情况需要坐支现金的单位，应事先报（　　）审核批准，并在核定的范围和限额内进行，同时，收支的现金必须入账。

A. 税务部门　　B. 工商行政管理部门

C. 开户银行　　D. 上级主管单位

3. 某企业对基本生产车间所需备用金采用定额备用金制度，当基本生产车间报销日常管理支出而补足其备用金定额时，应借记的会计账户是（　　）。

A. 其他应收款　　B. 其他应付款

C. 制造费用　　D. 生产成本

4. 对于银行已入账而企业尚未入账的未达账项，企业应当（　　）。

A. 在编制“银行存款余额调节表”的同时入账

B. 根据“银行对账单”记账的金额入账

C. 根据“银行对账单”编制自制凭证入账

D. 待结算凭证到达后入账

5. 下列各项，不通过“其他货币资金”账户核算的是（　　）。

A. 信用证保证金存款　　B. 备用金

C. 存出投资款　　D. 银行本票存款

6. 企业现金清查中，经检验仍无法查明原因的现金短款，经批准后应计入（　　）。

A. 财务费用　　B. 管理费用

C. 销售费用　　D. 营业外支出

7. 商业汇票的付款期限最长不得超过（　　）月。

A. 3 个月　　B. 6 个月

C. 9 个月　　D. 12 个月

8. 企业将款项汇往异地银行开立采购专户，编制该业务的会计分录时应当（　　）。
   A. 借记“应收账款”科目，贷记“银行存款”科目
   B. 借记“其他货币资金”科目，贷记“银行存款”科目
   C. 借记“其他应收款”科目，贷记“银行存款”科目
   D. 借记“材料采购”科目，贷记“其他货币资金”科目
9. 企业现金清查中，经检查仍无法查明原因的现金长款，经批准后应计入（　　）。
   A. 财务费用　　B. 冲减管理费用
   C. 销售费用　　D. 营业外收入
10. 支票用于（　　）。
   A. 同城结算　　B. 异地结算
   C. 同城或异地结算　　D. 国际结算

二、多项选择

1. 下列各项，不符合现金支付范围的是（　　）。
   A. 支付差旅人员差旅费现金 2 000 元
   B. 向农民甲某收购农副产品支付现金 5 000 元
   C. 支付税务机关罚金 3 000 元
   D. 支付职工奖金 10 000 元
2. 根据《人民币银行结算账户管理办法》将单位银行结算账户分为（　　）。
   A. 基本存款账户　　B. 一般存款账户
   C. 专用存款账户　　D. 临时存款账户
3. 下列各项，应在基本存款账户办理的业务有（　　）。
   A. 日常经营活动的资金收付　　B. 工资、奖金和现金的支取
   C. 借款转存　　D. 现金缴存
4. 在下列各项中，使得企业银行存款日记账余额小于银行对账单余额的有（　　）。
   A. 企业开出支票，对方未到银行兑现
   B. 银行误将其他公司的存款记入本企业银行存款账户
   C. 银行代扣水电费，企业尚未接到通知
   D. 银行收到委托收款结算方式下结算款项，企业尚未收到通知
5. 现金清查时，如发现现金短缺，分情况可分别记入（　　）账户。
   A. 管理费用　　B. 销售费用
   C. 营业外支出　　D. 其他应收款
6. 企业现金清查的主要内容有（　　）。
   A. 是否存在挪用　　B. 是否存在白条抵库

C. 是否存在未达账项　　　　D. 是否存在超限额库存现金

7. 根据《企业会计制度》规定，下列各项中，属于其他货币资金的有（　　）。

A. 备用金　　　　B. 存出投资款

C. 银行承兑汇票　　　　D. 银行汇票存款

8. 未达账项包括下列（　　）种情况。

A. 银行已收款记账，企业尚未记账

B. 银行已付款记账，企业尚未记账

C. 企业已收款记账，银行尚未记账

D. 企业已付款记账，银行尚未记账

9. 下列各项中，违反现金收入管理规定的是（　　）。

A. 坐支现金

B. 收入的现金于当日送存银行

C. 将企业的现金收入按个人储蓄方式存入银行

D. “白条”抵库

10. 企业以外埠存款 10 000 元，购买需要安装的设备一台，会计分录由（　　）组成。

A. 借：固定资产　10 000　　　　B. 借：在建工程　10 000

C. 贷：其他货币资金　10 000　　　　D. 贷：银行存款　10 000

三、判断

1. 企业开出的商业承兑汇票，若到期无力付款，应将应付票据转为短期借款。（　　）

2. 企业需要到外地临时或零星采购时，可以将款项通过银行汇入采购地银行。汇入采购地银行的这部分资金应通过“银行存款”账户核算。（　　）

3. 现金清查，是以实地盘点法核对库存现金实有数与账存数的。（　　）

4. 盘点现金出现盈余，可以在“其他应付款”账号的贷方反映，待日后出现现金短缺时再进行冲抵。（　　）

5. 无法查明原因的现金短缺，根据管理权限批准后计入“营业外支出”账号。（　　）

6. 出纳员可以兼管会计档案的保管工作。（　　）

7. 依据相关规定，企业可以开立多个基本存款账户。（　　）

8. 依照《中华人民共和国现金管理暂行条例》，企业可以直接用当日收入的现金支付某些费用。（　　）

9. 对于银行已经入账而企业尚未入账的未达账项，企业应当根据“银行对账单”编

制自制凭证予以入账。（ ）

10. 库存现金的清查包括出纳人员每日的清点核对和清查小组定期和不定期清查。

（ ）

四、业务分析

1. 某企业2019年12月份业务如下：

（1）12月13日，张明去北京采购材料，不方便携带现款，故委托当地银行汇款5 850元到北京开立采购专户，并从财务预借差旅费2 000元，财务以现金支付。

（2）12月18日，张明返回企业，交回采购有关的供应单位发票账单，共支付材料款项5 850元，其中，材料价款5 000元，增值税850元。张明报销差旅费2 200元，财务以现金补付余款。

（3）12月21日，企业收到上海公司上月所欠货款47 000元的银行转账支票一张。企业将支票和填制的进账单送交开户银行。

（4）12月25日，采购员持银行汇票一张前往深圳采购材料，汇票价款8 000元，购买材料时，实际支付材料价款6 000元，增值税1 020元。

（5）12月26日，张明返回企业时，银行已将多余款项退回企业开户银行。

（6）12月30日，企业对现金进行清查，发现现金短缺600元。原因正在调查。

（7）12月30日，发现短缺的现金是由于出纳员小华的工作失职造成的，应由其负责赔偿，金额为300元，另外300元没办法查清楚，经批准转做管理费用。

2. 某企业于2019年12月31日在中国工商银行的银行存款余额为256 000元，银行对账单余额为265 000元，经查对有以下未达账项。

（1）企业于月末存入银行的转账支票2 000元，银行尚未入账。

（2）委托银行代收的销货款12 000元，银行已经收到入账，但企业尚未收到银行收账通知。

（3）银行代付本月电话费4 000元，企业尚未收到银行付款通知。

（4）企业于月末开出转账支票3 000元，持票人尚未到银行办理转账手续。

要求：

（1）根据所给资料编制银行存款余额调节表。

（2）该企业在2019年12月31日可动用的银行存款的金额是多少？

项目三　往来款项核算业务

一、单项选择

1. 下列各项中，企业应付银行承兑汇票到期无力支付票款时，应将应付票据的账面余额转入的会计科目是（　　）。

A. 其他应付款　　B. 预付账款

C. 应付账款　　D. 短期借款

2. 某企业在 2019 年 12 月 8 日销售商品 100 件，增值税专用发票上注明的价款为 10 000元，增值税额为 1 300 元。企业为了及早收回货款而在合同中规定的现金折扣条件为：2/10，1/20，n/30。假定计算现金折扣时不考虑增值税。如买方 2019 年 12 月 24 日付清货款，该企业实际收款金额应为（　　）元。

A. 11 466　　B. 11 500

C. 11 368　　D. 11 200

3. 湖南沙沙门业有限公司为增值税一般纳税企业，适用增值税税率为 13%。2019 年 12 月 1 日，湖南沙沙门业有限公司向乙公司销售一批商品，按价目表上标明的价格计算，其不含增值税的售价总额为 20 000 元。因属批量销售，湖南沙沙门业有限公司同意给予乙公司 10%的商业折扣；同时，为鼓励乙公司及早付清货款，湖南沙沙门业有限公司规定的现金折扣条件（按含增值税的售价计算）为：2/10，1/20，n/30。假定湖南沙沙门业有限公司 12 月 8 日收到该笔销售的价款（含增值税额），则实际收到的价款为（　　）元。

A. 20 638. 80　　B. 21 060

C. 20 462. 4　　D. 19 933. 2

4. 预付款项情况不多的企业，可以不设置“预付账款”科目，预付货款时，借记的会计科目是（　　）。

A. 应付账款　　B. 应收账款

C. 其他应收款　　D. 其他应付款

5. 企业已计提坏账准备的应收账款确实无法收回，按管理权限报经批准作为坏账转销时，应编制的会计分录是（　　）。

A. 借记“资产减值损失”科目，贷记“坏账准备”科目

B. 借记“管理费用”科目，贷记“应收账款”科目

C. 借记“坏账准备”科目，贷记“应收账款”科目

D. 借记“坏账准备”科目，贷记“资产减值损失”科目

6. 长江公司 2019 年 2 月 10 日销售商品应收大海公司的一笔应收账款 1 200 万元，2019 年 6 月 30 日计提坏账准备 150 万元，2019 年 12 月 31 日，该笔应收账款的未来现金流量现值为 950 万元。2019 年 12 月 31 日，该笔应收账款应计提的坏账准备为（　　）万元。

A. 300　　B. 100

C. 250　　D. 0

7. 企业转销无法支付的应付账款时，应将该应付账款账面余额计入（　　）。

A. 资本公积　　B. 营业外收入

C. 其他业务收入　　D. 其他应付款

8. 某一般纳税企业采用托收承付结算方式从其他企业购入原材料一批，货款为 200 000元，增值税为 26 000 元，对方代垫运杂费 6 000 元（不考虑增值税），该原材料已经验收入库。该购买业务所发生的应付账款的入账价值为（　　）元。

A. 240 000　　B. 238 000

C. 206 000　　D. 232 000

9. 下列各项中，导致负债总额变化的是（　　）。

A. 赊销商品　　B. 赊购商品

C. 收回应收账款　　D. 用盈余公积转增资本

10. 预收账款情况不多的企业，可以不设“预收账款”科目，而将预收的款项直接记入的账户是（　　）。

A. 应收账款　　B. 预付账款

C. 其他应付款　　D. 应付账款

二、多项选择

1. 根据承兑人不同，商业汇票分为（　　）。

A. 商业承兑汇票　　B. 银行承兑汇票

C. 银行本票　　D. 银行汇票

2. 应收款项减值方法（　　）。

A. 直接转销法　　B. 先进先出法

C. 间接转销法　　D. 备抵法

3. 下列各项中，构成应收账款入账价值的有（　　）。

A. 确认商品销售收入时尚未收到的价款B. 代购货方垫付的包装费

C. 代购货方垫付的运杂费　　　　D. 销售货物发生的商业折扣

4. 下列事项中，通过“其他应收款”科目核算的有（　　）。

A. 应收的各种赔款、罚款

B. 应收的出租包装物租金

C. 存出保证金

D. 企业代购货单位垫付包装费、运杂费

5. 下列各项中，会引起应收账款账面价值发生变化的有（　　）。

A. 计提坏账准备　　　　B. 收回应收账款

C. 转销坏账准备　　　　D. 收回已转销的坏账

6. 下列各项业务中，应记入“坏账准备”科目贷方的有（　　）。

A. 冲回多提的坏账准备

B. 当期确认的坏账损失

C. 当期应补提的坏账准备

D. 已转销的坏账当期又收回

7. 下列各项中，应计提坏账准备的有（　　）。

A. 应收账款　　　　B. 应收票据

C. 预付账款　　　　D. 其他应收款

8. 某企业坏账损失采用备抵法核算，已作为坏账损失处理的应收账款 2 000 元，今又收回，可以作的会计分录有（　　）。

A. 借：银行存款　　2 000

　　贷：应收账款　　2 000

B. 借：应收账款　　2 000

　　贷：坏账准备　　2 000

　借：银行存款　　2 000

　　贷：应收账款　　2 000

C. 借：银行存款　　2 000

　　贷：管理费用　　2 000

D. 借：银行存款　　2 000

　　贷：坏账准备　　2 000

9. 应收票据终止确认时，对应的会计科目可能有（　　）。

A. 资本公积　　　　B. 原材料

C. 应交税费　　　　D. 材料采购

10. 下列项目中，属于其他应付款核算范围的有（　　）。

A. 职工未按期领取的工资　　　　B. 存入保证金

C. 购买商品开出的商业汇票　　　　　D. 应付、暂收所属单位、个人的款项

三、判断

1. 企业如果发生无法支付的应付账款时，应计入营业外收入。（　）

2. 应付股利，是指企业经股东大会或类似机构审议批准分配的现金股利或利润。（　）

3. 企业支付的包装物押金和收取的包装物押金均应通过“其他应收款”账户核算。（　）

4. 企业为职工垫付的水电费、应由职工负担的医药费、房租费等应该在企业的应收账款科目核算。（　）

5. 应收账款入账价值的确定中要扣除商业折扣和现金折扣后的净额入账。（　）

6. 预付账款属于企业的资产，核算的是企业销售货物预先收到的款项。（　）

7. 企业应当定期或者至少于每年年度终了，对其他应收款进行检查，预计其可能发生的坏账损失，并计提坏账准备。（　）

8. 应付账款一般按应付金额入账，而不按到期应付金额的现值入账。（　）

9. 预收账款与应付账款虽然均属于负债项目，但与应付账款不同，它通常不需要以货币偿付。（　）

10. 支付银行承兑汇票的手续费计入财务费用。（　）

四、业务分析

1. 企业因预购业务于2019年9月20日向乙公司用存款预付货款10 000元，用于定购购商品30 000元。企业务于2019年9月28日收到乙公司发来商品30 000元，增值税3 900元。企业于2019年10月8日向乙公司补付价税款23 900。编制该企业的会计分录。

2. 2019年1月1日，甲企业应收账款余额为3 000 000元，坏账准备余额为150 000元。2019年度，甲企业发生了如下相关业务：

（1）销售商品一批，增值税专用发票上注明的价款为5 000 000元，增值税税额为650 000元，货款尚未收到。

（2）因某客户破产，该客户所欠货款10 000元不能收回，确认为坏账损失。

（3）收回上年度已转销为坏账损失的应收账款8 000元并存入银行。

（4）收到某客户以前所欠的货款4 000 000元并存入银行。

（5）2019年12月31日，湖南沙沙门业有限公司对应收账款进行减值测试，确定按5%计提坏账准备。

要求：

（1）编制2019年度确认坏账损失的会计分录。

（2）编制收到上年度已转销为坏账损失的应收账款的会计分录。

（3）计算 2019 年年末“坏账准备”科目余额。

（4）编制 2019 年年末计提坏账准备的会计分录。（答案中的金额单位用元表示）

3. 甲上市公司为一般纳税人，2018 年 11 月 1 日取得应收票据，票据面值为 100 000 万元，利率为 12%，期限为 6 个月；2019 年 3 月 1 日将该票据背书转让购进原材料，专用发票注明价款 120 000 万元，进项税为 15 600 万元，差额部分通过银行支付。

要求：

（1）编制 2018 年 12 月 31 日计提利息的会计分录；

（2）编制 2019 年 3 月 1 日背书转让购进原材料的会计分录；（会计分录以万元为单位）

4. A 公司为一般纳税人，增值税率为 13%，2019 年发生以下业务：

（1）4 月 10 日向 B 公司赊销一批商品。价税合计 565 000 元。销售成本 400 000 元，现金折扣条件为 2/10，N/30，销售时用银行存款代垫运杂费 5 000 元。

（2）5 月 10 日，B 公司用银行存款支付上述运杂费 5 000 元并开出一张面值为 565 000 元、利率为 6%、期限为 4 个月的带息商业汇票偿还上述价税款。

（3）A 公司用银行存款向湖南沙沙门业有限公司预付材料款 100 000 元。

（4）A 公司收到湖南沙沙门业有限公司发来的材料，材料价款 200 000 元，增值税 32 000元，A 公司对材料采用实际成本核算。

（5）开出转账支票补付应付湖南沙沙门业有限公司不足材料款。

（6）A 公司某生产车间核对的备用金定额为 30 000 元，以现金拨付。

（7）上述生产车间报销日常管理开支 25 000 元。

（8）A 公司租入包装物一批，以银行存款向出租方支付押金 20 000 元。

要求：编制 A 公司上述业务的会计分录。

5. A 单位与 B 单位签订购销合同销售一批产品，B 企业预付货款 60 000 元，一个月后，湖南沙沙门业有限公司将产品发往 B 企业，开出的增值税专用发票上注明价款 100 000元，增值税 13 000 元，该批货物成本 72 000 元。当日 B 企业以银行存款支付剩余货款。

要求：编制 A 单位与 B 单位相关的会计分录。

项目四　存货核算业务

一、单项选择

1. 下列项目中，不属于存货核算内容的是（　　）。

A. 原材料　　B. 存货商品

C. 在途物资　　D. 工程物资

2. 下列项目中，不属于存货采购成本的有（　　）。

A. 存货的购买价款　　B. 存货的非常损失

C. 采购存货的相关税费　　D. 存货的运输费

3. 下列存货计价方法中，能够准确反映本期发出存货和期末结存存货的实际成本、成本流转与实物流转完全一致的是（　　）。

A. 先进先出法　　B. 移动加权平均法

C. 个别计价法　　D. 月末一次加权平均法

4. 甲公司采用月末一次加权平均法计算发出材料成本。2019 年 9 月 1 日结存 A 材料 500 件，单位成本 30 元；9 月 15 日购入 A 材料 1 000 件，单位成本 32 元；9 月 20 日购入 A 材料 500 件，单位成本 28 元；当月共发出 A 材料 1 500 件。9 月份发出 A 材料的成本为（　　）元。

A. 47 000　　B. 45 750

C. 46 000　　D. 45 000

5. 甲公司采用月末一次加权平均法计算发出材料成本。2019 年 9 月 1 日结存 A 材料 500 件，单位成本 30 元；9 月 15 日购入 A 材料 1 000 件，单位成本 32 元；9 月 20 日购入 A 材料 500 件，单位成本 28 元；当月共发出 A 材料 1 500 件。9 月份末结存 A 材料的成本为（　　）元。

A. 15 250　　B. 14 000

C. 15 000　　D. 16 000

6. M 企业原材料按实际成本进行日常核算。2019 年 10 月 1 日结存甲材料 150 千克，每千克实际成本为 20 元；10 月 15 日购入甲材料 140 千克，每千克实际成本为 25 元；10 月 31 日发出甲材料 200 千克。如按先进先出法计算 10 月份发出甲材料的实际成本，则其金额应为（　　）元。

A. 4 000　　　　B. 5 000

C. 4 250　　　　D. 4 500

7. M 企业为增值税一般纳税人，适用的增值税税率为 13%，2019 年 10 月 1 日购入材料一批，增值税专用发票上注明的价款为 20 000 元，增值税金额为 2 600 元，运输途中合理损耗 3%，材料入库前的挑选整理费为 300 元，材料已验收入库。则该企业取得的该材料的入账价值为（　　）元。

A. 20 000　　　　B. 22 600

C. 22 900　　　　D. 20 300

8. N 企业为增值税小规模纳税人，本月购入甲材料 2 060 千克，每千克单价（含增值税）50 元，另外支付运杂费 3 500 元，运输途中发生合理损耗 60 千克，入库前发生挑选整理费用 620 元。该批材料入库的实际单位成本为（　　）元。

A. 50　　　　B. 51. 81

C. 52　　　　D. 53. 56

9. “材料成本差异”账户的期末贷方余额表示期末结存材料的（　　）。

A. 实际成本大于计划成本的超支差额

B. 实际成本小于计划成本的节约差额

C. 实际成本

D. 计划成本

10. 购进存货运输途中发生的合理损耗应（　　）。

A. 计入存货采购成本　　　　B. 由运输公司赔偿

C. 计入管理费用　　　　D. 由保险公司赔偿

11. M 公司月初结存材料的计划成本为 30 000 元，成本差异为超支 200 元，本月入库材料的计划成本为 70 000 元，成本差异为节约 700 元。当月生产车间领用材料的计划成本为 60 000 元，当月生产车间领用材料应负担的材料成本差异为（　　）元。

A. −300　　　　B. 300

C. −540　　　　D. 540

12. A 企业月初甲材料的计划成本为 10 000 元，“材料成本差异”账户借方余额为 500 元，本月购进甲材料一批，实际成本为 16 180 元，计划成本为 19 000 元，本月生产车间领用甲材料的计划成本为 8 000 元，管理部门领用甲材料的计划成本为 4 000 元，该企业期末甲材料的实际成本是（　　）元。

A. 14 680　　　　B. 15 640

C. 15 680　　　　D. 16 640

13. A 企业（一般纳税人）购进原材料一批，材料已验收入库，月末发票账单尚未收到，也无法确定其实际成本，暂估价值为100万元。假定不考虑其他因素，则下列关于该业务的说法中，正确的是（　　）。

A. 发票账单未到，无法确定其实际成本，不应该将材料确认为企业的存货

B. 原材料应该按照成本100万元暂估入账

C. 企业应该确认应付账款117万元

D. 企业应该在实际收到发票账单时再进行入账

14. 随同产品出售单独计价的包装物的成本应该借记的科目是（　　）。

A. 其他业务成本　　B. 管理费用

C. 销售费用　　D. 主营业务成本

15. 企业对生产用材料因自然溢余原因而产生的盘盈，在报经批准后，应当（　　）。

A. 冲减生产成本　　B. 冲减制造费用

C. 冲减管理费用　　D. 冲减销售费用

16. 企业对属于非常损失所造成的原材料毁损，应在扣除保险公司赔偿、过失人赔偿以及残料价值后的差额，计入（　　）。

A. 管理费用　　B. 其他业务成本

C. 制造费用　　D. 营业外支出

17. 某增值税一般纳税人，因管理不善毁损一批材料，其成本为1 000元，增值税进项税额为130元，收到保险公司赔款200元，残料收入100元，批准后计入管理费用的金额为（　　）元。

A. 1 130　　B. 830

C. 700　　D. 1 000

18. 资产负债表日，企业存货应当按照（　　）计量。

A. 成本与可变现净值孰低　　B. 成本

C. 可变现净值　　D. 销售价格

19. 售价金额核算法通常适用于（　　）的核算。

A. 工业企业产成品　　B. 商品零售企业商品存货

C. 工业企业在产品　　D. 商品零售企业周转材料

20. M公司委托外单位加工商品一批，该批委托加工物资为应税消费品。该批物资收回后，直接用于销售。则该企业应于提货时，将受托单位代扣代缴的消费税记入（　　）。

A. “委托加工物资”的借方

B. “应交税费——应交消费税”的借方

C. “应交税费——应交消费税”的贷方

D. “税金及附加”

二、多项选择

1. 存货是指企业在日常活动中持有（　　）等。
   A. 以备出售的产成品或商品
   B. 处在生产过程中的在产品
   C. 在生产过程或提供劳务过程中耗用的材料和物料
   D. 在固定资产建造过程中耗用的材料和物料
2. 确认为企业存货的物品，应当同时满足（　　）等条件。
   A. 与该事项有关的经济利益很可能流入企业
   B. 该存货的成本能够可靠地计量
   C. 该存货应当放在企业仓库
   D. 该存货的货款应当已经支付
3. 企业存货成本包括（　　）。
   A. 存货的采购成本　　B. 存货的加工成本
   C. 存货的其他成本　　D. 管理费用
4. 存货的采购成本是指外购存货的（　　）以及其他可归属于存货采购成本的费用。
   A. 购买价款　　B. 相关税费
   C. 运输费、装卸费　　D. 保险费
5. 采用实际成本进行存货日常核算的企业，应当采用（　　）确定发出存货的实际成本。
   A. 先进先出法　　B. 加权平均法
   C. 成本与可变现净值孰低法　　D. 个别计价法
6. 原材料按计划成本计价核算应设置（　　）等科目。
   A. 材料采购　　B. 在途物资
   C. 原材料　　D. 材料成本差异
7. 原材料按实际成本计价核算应设置（　　）等科目。
   A. 材料采购　　B. 在途物资
   C. 原材料　　D. 材料成本差异
8. 下列与存货相关会计处理的表述中，正确的有（　　）。
   A. 应收保险公司存货损失赔偿款计入其他应收款
   B. 资产负债表日存货应按成本与可变现净值孰低计量
   C. 按管理权限报经批准的盘盈存货价值冲减管理费用
   D. 结转销售成本的同时结转其已计提的存货跌价准备
9. 存货的可变现净值是指在企业日常活动中，存货的估计售价减去至完工时（　　）

后的金额。

A. 估计的总成本　　B. 估计将要发生的成本

C. 估计的销售费用　　D. 相关税费

10. 企业发生的原材料盘亏或毁损中，应作为“管理费用”列支的是（　　）。

A. 自然灾害造成的毁损净损失

B. 保管中发生的定额内自然损耗

C. 收发计量造成的定额内自然损耗

D. 管理不善造成的盘亏损失

三、判断

1. 存货是指企业在日常活动中持有以备出售的产成品或商品、处在生产过程中的在产品，在生产过程或提供劳务过程中耗用的材料和物料等。（　　）

2. 按照存货的概念和确认条件，委托代销商品不属于企业存货。（　　）

3. 企业存货应当按照可变现净值进行初始计量。（　　）

4. 由于存货发出的计价方法不同，期末在资产负债表中反映的存货项目金额就会不同，当期计算出的利润也可能不同。（　　）

5. 购入材料在运输途中发生的合理损耗应计入管理费用。（　　）

6. 小规模纳税人购入材料涉及的增值税可以作为进项税额抵扣。（　　）

7. 采用计划成本进行存货的日常核算，应当单独核算存货实际成本与计划成本之间的差异，正确计算发出存货应负担的成本差异。（　　）

8. 原材料采用计划成本法核算的，购入的材料无论是否验收入库，均需先通过“材料采购”科目进行核算。（　　）

9. 出租包装物的一次摊销法，就是在出租包装物报废时，一次性全额摊销其成本。（　　）

10. 企业出售商品时不单独计价的包装物，发出时记入“销售费用”科目。（　　）

11. 已完成销售手续、但购买方在当月尚未提取的产品，销售方仍应作为本公司库存商品核算。（　　）

12. 委托加工物资收回后用于连续生产应税消费品的，委托方应将缴纳的消费税计入委托加工物资的成本。（　　）

13. 资产负债表日（会计期末）存货成本高于其可变现净值时，存货按可变现净值计量，同时按照存货成本高于可变现净值的差额计提存货跌价准备，计入当期损益。（　　）

14. 企业对于已记入“待处理财产损溢”科目的存货盘亏及毁损事项进行会计处理时，对于自然灾害造成的存货净损失，应计入管理费用。（　　）

15. 存货跌价准备一经确认，不得转回。（　　）

四、业务分析

1. 练习采用先进先出法计算发出存货的实际成本

资料：甲公司有关 A 存货本月有关收入、发出和结存资料见下表。

甲公司 A 存货收入、发出和结存资料

实物计量单位：千克　　　　金额单位：元

20×8 年		摘要	收入		发出		结存	
月	日		数量	金额	数量	金额	数量	金额
6	1	上月结存					500	2 820
	2	入库	200	1 160			700	
	5	发出			600		100	
	12	入库	500	2 960			600	
	19	发出			400		200	
	24	入库	400	2 300			600	
	25	发出			300		300	
		本月合计						

要求：

（1）根据资料采用先进先出法计算完成上表。

（2）计算本月发出存货实际总成本。

（3）计算月末结存存货实际总成本

2. 练习采用月末一次加权平均法计算发出存货的实际成本

资料：见上表

要求：

（1）计算加权平均单位成本。

（2）计算本月发出存货实际总成本。

（3）计算月末结存存货实际总成本。

3. 练习采用移动加权平均法计算发出存货的实际成本

资料：见上表。

要求：

（1）计算移动加权平均法成本和各批发出存货总成本。

（2）计算本月发出存货实际总成本

（3）计算月末结存存货实际总成本

4. 练习原材料按实际成本计价的核算

资料：甲企业为增值税一般纳税人，适用的增值税税率为13%，原材料按实际成本核算，2019 年 12 月初，B 材料账面余额为 70 000 元。该企业 12 月份发生的有关经济业务如下：

（1）5 日，购入 B 材料 1 000 千克，增值税专用发票上注明的价款为 300 000 元，增值税税额为 39 000 元。购入该批材料发生保险费 1 000 元，发生运杂费 3 600 元，运输过程中发生合理损耗 10 千克。材料已验收入库，款项均已通过银行付讫。

（2）8 日采用汇兑结算方式购入 B 材料一批，发票及账单已收到，取得的增值税专用发票上注明的价款为 20 000 元，增值税税额 2 600 元，材料尚未到达。

（3）20 日，领用 B 材料 60 000 元，用于企业办公楼的日常维修。

（4）27 日，购入 F 材料一批，增值税专用发票上注明的价款为 50 000 元，增值税税额 6 500 元。甲企业开出一张票面金额为 58 000 的商业承兑汇票，材料已验收入库。

（5）29 日，购入 B 材料一批，材料已验收入库，月末发票账单尚未收到也无法确定其实际成本，暂估价值为 30 000 元。

（6）31 日，生产领用 B 材料一批，该批材料成本为 15 000 元。

要求：根据上述业务，编制相关的会计分录。

5. 练习采用计划成本法进行存货日常核算时发出存货实际成本的计算。

资料：乙企业原材料材料存货采用计划成本记账，2019 年 10 月份“原材料”科目某类材料的期初余额为 40 000 元，“材料成本差异”科目期初借方余额为 3 400 元，原材料单位计划成本为 10 元。乙企业 10 月份发生发如下经济业务：

（1）10 月 10 日进货 1 000 千克，以银行存款支付材料货款 9 500 元，材料增值税进项税额 1 235 元，材料已验收入库

（2）10 月 15 日，车间一般耗用领用材料 100 千克

（3）10 月 20 日进货 2 000 千克，增值税发票上价税合计 21 696 元（增值税税率为13%）款项用银行存款支付，材料已验收入库。

（4）10 月 25 日，车间生产产品领用材料 2 500 千克。

要求：

（1）计算材料成本差异率。

（2）计算发出材料应负担的材料成本差异。

（3）本月发出存货实际总成本。

（4）计算月末结存存货实际总成本。

（5）根据资料，编制会计分录。

6. 练习采用售价金额法对已销商品实际成本进行计算

资料：甲商业公司 A 柜组上月库存商品售价总额为 40 万元，商品进销差价为 10 万

元，本月购进商品售价总额为 360 万元，商品进销差价为 92 万元，本月销售商品售价总额为 365 万元。

要求：

(1) 计算本月商品进销差价率

(2) 计算本月已销商品应分摊的进销差价

(3) 计算本月已销商品的进价成本。

(4) 计算月末库存商品应分摊的进销差价

(5) 计算月末库存商品的进价成本

7. 练习委托加工物资的核算

资料：甲公司为一般纳税人，2019 年 9 月委托 A 公司将木材加工成包装木箱，按照加工合同，从仓库发出木材一批，实际总成本为 100 000 元；以银行存款支付往返运输费 3 270 元（增值税专用发票载明运费 3 000 元，增值税额 270 元）和加工费 33 900 元（增值税专用发票载明价款 30 000 元，增值税额 3 900 元）；加工完成，木箱已验收入库。

要求：根据甲公司有关资料编制会计分录。

(1) 发出委托加工材料

(2) 支付往返运输费

(3) 支付加工费

(4) 包装木箱验收入库

8. 练习产成品的核算

资料：甲公司采用实际成本法核算，本月产品入库和销售情况如下：

(1) 甲公司基本生产车间生产 A、B 两种产成品，成品仓库汇总的产品交库单载明，本月已经验收入库的 A 产品为 4 000 件，B 产品为 6 000 件；财会部门编制的产品成本计算汇总表载明，本月 A、B 两种产品的实际总成本分别为 600 000 元和 1 140 000 元。

(2) 甲公司采用月末一次加权平均法计算并结转销售产品成本。上月结存 A 产品 500 件，实际总成本为 120 000 元，结存 B 产品 300 件，实际总成本为 57 000 元；本月生产完工入库 A 产品和 B 产品资料见资料（1）；本月销售 A 产品 4 200 件，B 产品 5 900 件。

要求：

(1) 计算 A 产品加权平均单位成本、本月 A 产品销售成本、B 产品加权平均单位成本、本月 B 产品销售成本。

(2) 根据甲公司资料编制结转完工入库产品成本和销售产品成本（采用月末一次加权平均法计算）的会计分录。

9. 练习存货清查的核算

资料：

(1) 甲公司在定期财产清查中，盘盈 A 材料 100 千克，同类材料的市场价格为 40 元；

盘亏 B 材料 200 千克，该材料账面单位成本为 16 元。经查明，材料盘盈、盘亏系收发计量方面的差错。

（2）甲公司 E 材料因自然灾害毁损 4 000 千克，经清理，该材料账面单位成本为 25 元，购入时支付的增值税金为 13 000 元；保险公司已同意赔款 40 000 元，残料处理收到现金 1 000 元。按管理权限报经批准后，净损失列作营业外支出。

要求：

（1）按管理权限报经批准转销前。

（2）按管理权限报经批准转销

10. 练习计提存货跌价准备的核算

资料：

（1）E 材料本年年末确定的可变现净值为 100 000 元，该项存货账面实际成本为 120 000元，账面没有计提存货跌价准备。

（2）子产品本年年末确定的可变现净值为 100 000 元，该项存货账面实际成本为 120 000元，账面原已计提存货跌价准备 6 000 元。

（3）A 材料本年年末确定的可变现净值为 110 000 元，该项存货账面实际成本为 120 000元，账面已计提存货跌价准备 20 000 元。

（4）B 材料本年年末确定的可变现净值 110 000 元，该项存货账面实际成本为 90 000 元，账面已计提存货跌价准备 16 000 元。

要求：根据甲公司有关存货资料计算各项存货应计提或转回的跌价准备，编制有关会计分录。

项目五　固定资产核算业务

一、单项选择

1. 某企业购入一台需要安装的设备，取得的增值税专用发票上注明的设备买价为50 000元，增值税额为6 500元，取得的增值税专用发票上运输费为1 635元（含增值税135元），另外设备安装时领用工程用材料价值1 000元（不含税），购进该批工程用材料的增值税为130元，设备安装时支付有关人员工资2 000元。该固定资产的成本为（　　）元。

A. 62 500　　B. 62 650
C. 54 500　　D. 62 810

2. 企业的下列固定资产，按规定不应计提折旧的是（　　）。

A. 经营性租入的设备　　B. 融资租入的设备
C. 经营性租出的房屋　　D. 未使用的设备

3. 某企业2019年8月20日自行建造的一条生产线投入使用，该生产线建造成本为740万元，预计使用年限为5年，预计净残值为20万元。在采用年数总和法计提折旧的情况下，2019年该设备应计提的折旧额为（　　）万元。

A. 160　　B. 224
C. 240　　D. 80

4. 某企业出售一台设备（不考虑相关税费），原价160 000元，已提折旧35 000元，已提固定资产减值准备10 000元，出售设备时发生各种清理费用3 000元，出售设备所得全部价款113 000元，增值税税率13%。该设备出售净收益为（　　）元。

A. −18 000　　B. 18 000
C. 5 000　　D. −5 000

5. 如果购买固定资产的价款超过正常信用条件延期支付，实质上具有融资性质的，下列说法中正确的是（　　）。

A. 固定资产的成本以购买价款为基础确定

B. 固定资产的成本以购买价款的现值为基础确定

C. 实际支付的价款与购买价款的现值之间的差额，无论是否符合资本化条件，均

应当在信用期间内计入当期损益

D. 实际支付的价款与购买价款的现值之间的差额，无论是否符合资本化条件，均应当在信用期间内资本化

6. 采用出包方式建造固定资产时，对于按合同规定预付的工程价款应借记的会计科目是（　　）。

A. 预付账款　　B. 在建工程

C. 固定资产　　D. 工程物资

7. 在筹建期间，在建工程由于自然灾害等原因造成的单项或单位工程报废或毁损，扣除残料价值和过失人或保险公司等赔款后的净损失，报经批准后可计入（　　）。

A. 在建工程的成本　　B. 营业外支出

C. 长期待摊费用　　D. 制造费用

8. 下列固定资产中，不应计提折旧的固定资产有（　　）。

A. 当月减少的固定资产　　B. 正处于改良期间的经营租入固定资产

C. 修理中的固定资产　　D. 融资租入的固定资产

9. 企业接受投资者投入的一项固定资产，应按（　　）作为入账价值。

A. 投资合同或协议约定的价值（但合同或协议约定的价值不公允的除外）

B. 公允价值

C. 投资方的账面原值

D. 投资方的账面价值

10. A 企业 2019 年 6 月 20 日自行建造的一条生产线投入使用，该生产线建造成本为 720 万元，预计使用年限为 5 年，预计净残值为 20 万元。在采用双倍余额递减法计提折旧的情况下，2019 年该设备应计提的折旧额为（　　）万元。

A. 168　　B. 144

C. 288　　D. 70

二、多项选择

1. 下列固定资产中，应计提折旧的固定资产有（　　）。

A. 经营租赁方式租入的固定资产发生的改良支出

B. 季节性停用的固定资产

C. 正在改扩建而停止使用的固定资产

D. 融资租赁方式租入的固定资产

2. 下列税金中，应该计入固定资产入账价值的有（　　）。

A. 契税

B. 耕地占用税

C. 车辆购置税
D. 一般纳税企业购入固定资产所支付的增值税

3. 下列项目中，应计入固定资产入账价值的是（　　）。
A. 固定资产安装过程中领用的生产用原材料负担的增值税
B. 固定资产达到预定可使用状态前发生的借款手续费用
C. 固定资产达到预定可使用状态并交付使用后至办理竣工决算手续前发生的借款利息
D. 固定资产改良过程中领用的自产产品负担的消费税

4. 下列各项中，会引起固定资产账面价值发生变化的有（　　）。
A. 计提固定资产折旧　　B. 固定资产改扩建
C. 固定资产修理支出　　D. 计提固定资产减值准备

5. 下列各项，应通过“固定资产清理”科目核算的有（　　）。
A. 出售的固定资产　　B. 盘亏的固定资产
C. 报废的固定资产　　D. 毁损的固定资产

6. 双倍余额递减法和年数总和法的共同点有（　　）。
A. 属于加速折旧法　　B. 每期折旧率固定
C. 前期折旧额高，后期折旧额低　　D. 不考虑净残值

7. 下列项目中，应计提折旧的固定资产有（　　）。
A. 因季节性或大修理等原因而暂停使用的固定资产
B. 尚未投入使用的固定资产
C. 企业临时性出租给其他企业使用的固定资产
D. 处置当月的固定资产

8. 企业在确定固定资产的使用寿命时，应当考虑的因素有（　　）。
A. 预计有形损耗和无形损耗
B. 预计清理净损益
C. 法律或者类似规定对资产使用的限制
D. 预计生产能力或实物产量

9. 下列说法中正确的有（　　）。
A. 购置的不需要经过建造过程即可使用的固定资产，按实际支付的买价、包装费、运输费、安装成本、交纳的有关税金，作为入账价值
B. 自行建造的固定资产，按建造该项资产达到预定可使用状态所发生的全部支出，作为入账价值
C. 投资者投入的固定资产，按投资方原账面价值作为入账价值
D. 盘盈的固定资产，按其市价或同类、类似固定资产的市场价格，作为入账价值

10. “固定资产清理”账户贷方登记的项目有（　　）。

A. 转入清理的固定资产净值　　B. 变价收入

C. 结转的清理净收益　　D. 结转的清理净损失

三、判断

1. 购置的不需要安装的固定资产，按实际支付的买价、增值税、运输费、包装费、安装成本等，作为入账价值。（　　）

2. 固定资产达到预定可使用状态并交付使用后至竣工决算前发生的借款利息不应计入固定资产入账价值，而应计入财务费用。（　　）

3. 已提足折旧仍然使用的固定资产和未提足折旧提前报废的均不再计提折旧。

（　　）

4. 企业出售、转让、报废固定资产或发生固定资产毁损，应当将处置收入扣除账面价值和相关税费后的金额计入当期损益。（　　）

5. 企业一般应当按月提取折旧，当月增加的固定资产，当月计提折旧；当月减少的固定资产，当月不提折旧。（　　）

6. 对于计提的固定资产减值准备，在以后期间价值恢复时，企业不能转回任何原已计提的减值准备金额。（　　）

7. 固定资产折旧方法一经确定不得变更。（　　）

8. 投资者投入固定资产的成本，应当按照投资合同或协议约定的价值确定，但合同或协议约定价值不公允的除外。（　　）

9. 企业固定资产一经入账，其入账价值均不得做任何变动。（　　）

10. 工作量法计提折旧的特点是每年提取的折旧额相等。（　　）

四、业务题

1. 某企业2018年8月1日自行建造的一条生产线投入使用，该生产线建造成本为740万元，预计使用年限为5年，预计净残值为20万元。在采用年数总和法计提折旧的情况下，2019年该设备应计提的折旧额为多少万元？

2. 企业的某项固定资产原价为2 000万元，采用年限平均法计提折旧，使用寿命为10年，预计净残值为0，在第5年年初企业对该项固定资产的某一主要部件进行更换，发生支出合计1 000万元，符合准则规定的固定资产确认条件，被更换的部件的原价为800万元。求更换后固定资产的原价为多少？

3. 甲公司生产线一条，原价为1 400 000元，预计使用年限为6年，预计净残值为0，采用直线法计提折旧。该生产线已使用3年，已提折旧为700 000元。2019年12月对该生产线进行更新改造，以银行存款支付改良支出240 000元。改造后的生产线预计还可使用 4 年，预计净残值为 0。根据上述资料，编制甲公司有关会计分录。

4. 某企业于 2018 年 9 月 5 日对一生产线进行改扩建，改扩建前该生产线的原价为 900 万元，已提折旧 200 万元，已提减值准备 50 万元。在改扩建过程中领用工程物资 300 万元，领用生产用原材料 50 万元，原材料的进项税额为 8 万元。发生改扩建人员工资 80 万元，用银行存款支付其他费用 61.5 万元。该生产线于 2018 年 12 月 20 日达到预定可使用状态。该企业对改扩建后的固定资产采用年限平均法计提折旧，预计尚可使用年限为 10 年，预计净残值为 50 万元。2019 年 12 月 31 日该生产线的公允价值减去处置费用后的净额为 690 万元，预计未来现金流量现值为 670 万元。假定固定资产按年计提折旧，固定资产计提减值准备不影响固定资产的预计使用年限和预计净残值。

要求：

（1）编制上述与固定资产改扩建有关业务的会计分录。计算改扩建后固定资产的入账价值。

（2）计算 2019 年 12 月 31 日该生产线是否应计提减值准备，若计提减值准备，编制相关会计分录。

（3）计算该生产线 2019 年和 2020 年每年应计提的折旧额。（金额单位用万元表示。）

5. 2019 年 5 月，A 股份有限公司准备自行建造一座厂房，为此发生以下业务：

（1）购入工程物资一批，价款为 500 000 元，支付的增值税进项税额为 65 000 元，款项以银行存款支付。

（2）至 8 月，工程先后领用工程物资 400 000 元（不含增值税进项税额）；剩余工程物资转为该公司的存货。

（3）领用生产用原材料一批，价值为 64 000 元。

（4）辅助生产车间为工程提供有关的劳务支出为 50 000 元。

（5）计提工程人员工资 95 800 元。

（6）11 月底，工程达到预定可使用状态，但尚未办理竣工决算手续，工程按暂估价值结转固定资产成本。

（7）12 月中旬，该项工程决算实际成本为 700 000 元，经查其与暂估成本的差额为应付职工工资。

（8）假定不考虑其他相关税费。

要求：编制上述业务相关的会计分录。

项目六　无形资产及其他资产核算业务

一、单项选择

1. 外购无形资产成本不包括（　　）。

A. 购买价款　　B. 宣传广告费用

C. 测试费用　　D. 专业服务费用

2. 下列项目中，应确认为无形资产的是（　　）。

A. 企业自创的商誉　　B. 企业内部产生的品牌

C. 企业内部人力资源　　D. 企业购入的专利权

3. 下列各项中，一般不会引起无形资产账面价值发生增减变动的是（　　）。

A. 对无形资产计提减值准备　　B. 无形资产可收回金额大于账面价值

C. 摊销无形资产　　D. 转让无形资产所有权

4. 下列项目中，不能够确认为无形资产的是（　　）。

A. 通过购买方式取得的土地使用权

B. 商誉

C. 通过吸收投资方式取得的土地使用权

D. 通过购买方式取得的非专利技术

5. 无形资产计提减值准备时，借记的科目是（　　）。

A. 资产减值损失　　B. 管理费用

C. 其他业务成本　　D. 营业外支出

6. 企业进行研究与开发无形资产过程中发生的各项支出，发生时应借记的会计科目是（　　）。

A. 管理费用　　B. 无形资产

C. 研发支出　　D. 销售费用

7. 某企业研制成功一项新技术，该企业在此项研究过程中支付调研费 30 000 元，支付人工费 40 000 元。在开发过程中支付材料费 60 000 元、人工费 30 000 元、其他费用 50 000元。假设开发过程中发生的支出均可资本化。不考虑其他因素，则该项专利权的入账价值为（　　）元。

A. 90 000　　B. 140 000

C. 160 000　　D. 170 000

8. 宏达公司2009年5月20日购入一项专利权，入账价值为750万元，预计使用年限为10年，按照直线法进行摊销。2010年12月31日，该无形资产的可收回金额为575万元。则2010年12月31日，应当对该无形资产计提的减值准备为（　　）万元。

A. 0　　B. 50

C. 56.25　　D. 125

9. 宏达公司出售一项2年前取得的专利权，该专利权取得时的成本为20万元，按10年摊销，出售时取得收入25万元，不考虑相关税费，则出售该项专利权时影响当期损益的金额为（　　）万元。

A. 5　　B. 7

C. 9　　D. 11

10. 甲公司2017年1月10日开始自行研究开发无形资产，12月31日达到预定用途。其中，研究阶段发生职工薪酬30万元、计提专用设备折旧40万元；进入开发阶段后，相关支出符合资本化条件前发生的职工薪酬30万元、计提专用设备折旧30万元，符合资本化条件后发生职工薪酬100万元、计提专用设备折旧200万元。假定不考虑其他因素，甲公司2007年对上述研发支出进行的下列会计处理中，正确的是（　　）。

A. 确认管理费用70万元，确认无形资产360万元

B. 确认管理费用30万元，确认无形资产400万元

C. 确认管理费用130万元，确认无形资产300万元

D. 确认管理费用100万元，确认无形资产330万元

二、多项选择

1. 下列项目中，可以确认为无形资产的有（　　）。

A. 有偿取得的经营特许权　　B. 企业自创的商誉

C. 有偿取得的高速公路收费权　　D. 国家无偿划拨给企业的土地使用权

2. 下列应当计入购入无形资产成本的有（　　）。

A. 购买价款

B. 相关税费

C. 为使无形资产达到预定用途所发生的测试费用

D. 无形资产达到预定用途后发生的费用

3. 下列关于无形资产会计处理的表述中，正确的有（　　）。

A. 无形资产均应确定预计使用年限并分期摊销

B. 有偿取得的自用土地使用权应确认为无形资产

C. 内部研发项目研究阶段支出应全部确认为费用

D. 无形资产减值损失一经确认在以后会计期间不得转回

4. 下列各项中，属于无形资产的特征的有（　　）。

A. 不具有实物形态　　B. 具有可辨认性

C. 不具有可辨认性　　D. 属于非货币性长期资产

5. 下列各项支出应计入无形资产成本的有（　　）。

A. 购入专利权发生的支出

B. 购入商标权发生的支出

C. 取得土地使用权发生的支出

D. 研发新技术在研究阶段发生的支出

6. 下列有关无形资产的会计处理，不正确的有（　　）。

A. 将自创商誉确认为无形资产

B. 将转让使用权的无形资产的摊销价值计入营业外支出

C. 将转让所有权的无形资产的账面价值计入其他业务支出

D. 将预期不能为企业带来经济利益的无形资产的账面价值转销

7. 对使用寿命有限的无形资产，下列说法中正确的有（　　）。

A. 其摊销金额应当在使用寿命内系统合理摊销

B. 其摊销期限应当自无形资产可供使用时起至不再作为无形资产确认时止

C. 其摊销期限应当自无形资产可供使用的下个月时起至不再作为无形资产确认时止

D. 无形资产可能有残值

8. 下列有关无形资产摊销的会计处理，不正确的有（　　）。

A. 企业对使用寿命有限的无形资产进行摊销，摊销金额一般应当计入当期损益，同时贷记“累计摊销”科目

B. 企业对使用寿命有限的无形资产进行摊销，摊销金额可能借记的会计科目有：“管理费用”“制造费用”“其他业务成本”和“研发支出”

C. 对于使用寿命发生变化的无形资产，其摊销额要追溯调整

D. 使用寿命不确定的无形资产不能转换为使用寿命有限的无形资产

9. 根据会计准则的规定，下列无形资产研发支出中，可能计入无形资产入账价值的有（　　）。

A. 研究过程中的调查支出

B. 开发过程中的研发支出

C. 开发过程中领用的材料

D. 开发过程中发生的人工费

10. 企业进行无形资产摊销时，下列做法正确的有（　　）。

A. 自用无形资产摊销：借记“管理费用”科目，贷记“累计摊销”科目

B. 生产车间无形资产摊销：借记“制造费用”科目，贷记“累计摊销”科目

C. 企业筹建期间无形资产摊销（费用化的）：借记“管理费用”科目，贷记“累计摊销”科目

D. 自建工程使用的无形资产摊销：借记“在建工程”科目，贷记“累计摊销”科目

三、判断

1. 无形资产是指企业拥有或控制的没有实物形态的资产。（　　）

2. 企业取得的所有无形资产，均应当按期摊销。（　　）

3. 企业外购无形资产发生的相关税费不应计入其成本当中。（　　）

4. 无形资产的初始成本中包括购买价款、相关税费以及为进行宣传发生的广告费、管理费用等其他间接费用。（　　）

5. 企业自行研发的无形资产，在研究阶段发生的支出应当全部费用化，在开发阶段发生的支出应当全部资本化。（　　）

6. 无形资产的使用寿命一经确定不得变更。（　　）

7. 无形资产的摊销金额都应计入管理费用。（　　）

8. 企业出售无形资产，应当将取得的价款与该无形资产账面价值的差额计入营业外收支。（　　）

9. 无形资产预期不能为企业带来经济利益的，应当将该无形资产的账面价值予以转销。（　　）

10. 企业以经营租赁方式租入的固定资产发生的改良支出，应记入“长期待摊费用”科目。（　　）

四、业务题

1. A 公司为增值税一般纳税人，购入一项非专利技术，取得增值税专用发票上注明的价款为 90 万元，税率 6%，增值税税额 5.4 万元，以银行存款支付。

要求：编制 A 公司购入非专利技术会计分录。

2. B 公司自行研究开发一项技术：共发生研发支出 450 万元，其研究阶段发生职工薪酬 100 万元，专用设备折旧费用 50 万元；开发阶段满足资本化条件支出 300 万元，取得增值税专用发票上注明的增值税税额为 48 万元，开发阶段结束研究开发项目达到预定用途形成无形资产，暂不考虑其他因素。

要求：

（1）编制研究阶段会计分录。

（2）编制开发阶段会计分录。

（3）编制达到预用途开成无形资产的会计分录。

3. 某企业将其自行开发完成的管理系统软件出租给乙公司，每年支付使用费240 000元（不含增值税）。双方约定租赁期限为5年。该管理系统软件的总成本为600 000元，该企业按月计提摊销，暂不考虑其他因素。

要求：编制计提累计摊销的会计分录；

4. 甲公司为增值税一般纳税人，按月编制财务报表，假定相关业务取得的增值税专用发票均通过认证。甲公司2019年发生的无形资产相关业务如下：

a. 甲公司继续研发一项生产用新兴技术。该技术的“研发支出—资本化支出”明细科目年初额为70万元。本年度1至6月份该技术研发支出共计330万元，其中，不符合资本化条件的支出为130万元。7月15日，该技术研发完成，申请取得专利权（以下称为E专利权），发生符合资本化条件支出30万元，发生不符合资本化条件支出20万元，并于当月投入产品生产。本年发生各种研发支出取得的增值税专用发票上注明的增值税税额为41.6万元。依相关法律规定E专利权的有效使用年限为10年，采用年限平均法摊销。

b. 12月31日，由于市场发生不利变化，E专利权存在可能发生减值的迹象，预计其可收回金额为185万元。

c. 12月31日，根据协议约定，甲公司收到乙公司支付的F非专利技术使用权当年使用费收入，开具的增值税专用发票上注明的价款为10万元，增值税税额为0.6万元，款项存入银行。本年F非专利技术应计提的摊销额为6万元。

要求：

（1）根据资料a计算甲公司E专利权的入账成本。

（2）根据资料a编制2019年甲公司E专利权摊销的会计分录。

（3）根据资料a和b，2019年年末，计算甲公司对E专利权应计提的无形资产减值准备的金额。

（4）根据资料c，编制甲公司转让F非专利技术使用权的会计分录。

（5）根据资料a~c，确定甲公司无形资产相关业务对其2019年度利润表相关项目的影响表述正确的是（　　）。

A.“研发费用”增加150万元

B.“利润总额”减少246万元

C.“资产减值损失”增加100万元

D.“营业收入”增加10万元

项目七　投资核算业务

一、单项选择

1. 关于交易性金融资产的计量，下列说法中正确的是（　　）。

A. 应当按取得该金融资产的公允价值和相关交易费用之和作为初始确认金额

B. 应当按取得该金融资产的公允价值作为初始确认金额，相关交易费用在发生时计入当期损益

C. 资产负债表日，企业应当将金融资产的公允价值变动计入当期所有者权益

D. 处置该金融资产时，其公允价值与初始入账金额之间的差额应确认为投资收益，不调整公允价值变动损益

2. 将以摊余成本计量的金融资产重分类为以公允价值计量且其变动计入其他综合收益的金融资产的，应在重分类日按其公允价值，借记“其他债权投资”科目，按其账面余额，贷记“债权投资”科目，按其差额，贷记或借记（　　）科目。

A.“营业外收入”　　　　B.“投资收益”

C.“其他综合收益”　　　　D.“资产减值损失”

3. 关于金融资产的重分类，下列说法中正确的是（　　）。

A. 交易性金融资产不可以和以摊余成本计量的金融资产进行重分类

B. 交易性金融资产和以公允价值计量且其变动计入其他综合收益的金融资产之间不能进行重分类

C. 以公允价值计量且其变动计入其他综合收益的金融资产可以随意和以摊余成本计量的金融资产进行重分类

D. 交易性金融资产在符合一定条件时可以和以摊余成本计量的金融资产进行重分类

4. 甲公司于 2019 年 3 月 30 日以每股 12 元的价格购入某上市公司股票 50 万股，作为交易性金融资产核算。购买该股票支付手续费等 10 万元。5 月 25 日，收到该上市公司按每股 0. 5 元发放的现金股利。12 月 31 日该股票的市价为每股 11 元。2019 年 12 月 31 日该股票投资的账面价值为（　　）万元。

A. 550　　　　B. 575

C. 585　　D. 610

5. 2019 年 12 月 1 日，甲上市公司购入一批股票，作为交易性金融资产核算和管理。实际支付价款 100 万元，其中包含已经宣告的现金股利 2 万元。另支付相关费用 2 万元。均以银行存款支付。假定不考虑其他因素，该项交易性金融资产的入账价值为（　　）万元。

A. 100　　B. 98

C. 102　　D. 103

6. 持有交易性金融资产期间被投资单位宣告发放现金股利或在资产负债表日按债券票面利率计算利息时，借记“应收股利”或“应收利息”科目，贷记（　　）科目。

A. 交易性金融资产　　B. 短期投资

C. 公允价值变动损益　　D. 投资收益

7. 企业出售交易性金融资产时，应按实际收到的金额，借记“银行存款”科目，按该金融资产的成本，贷记“交易性金融资产（成本）”科目，按该项交易性金融资产的公允价值变动，贷记或借记“交易性金融资产（公允价值变动）”科目，按其差额，贷记或借记（　　）。

A.“公允价值变动损益”科目　　B.“投资收益”科目

C.“短期投资”科目　　D.“营业外收入”科目

8. 乙企业于 2019 年 12 月 1 日，以 700 万元的价格购进当日发行的面值为 650 万元的公司债券。其中债券的买价为 690 万元，相关税费为 10 万元。该公司债券票面利率为 8%，期限为 5 年，一次还本付息。企业准备持有至到期。该企业计入“债权投资”科目的金额为（　　）万元。

A. 650　　B. 690

C. 700　　D. 680

9. 下列关于交易性金融资产的说法中，错误的是（　　）。

A. 交易性金融资产的公允价值变动形成的利得或损失，应当计入当期损益

B. 企业取得的交易性金融资产，按其公允价值入账

C. 在活跃市场中没有报价、公允价值不能可靠计量的权益工具投资，可以指定为以公允价值计量且其变动计入当期损益的金融资产

D. 取得交易性金融资产的目标，主要是为了出售该金融资产实现现金流量

10. 未发生减值的以摊余成本计量的金融资产债权投资如为分期付息、一次还本债券投资，应于资产负债表日按票面利率计算确定的应收未收利息，借记“应收利息”科目，按该投资期初摊余成本和实际利率计算确定的利息收入，贷记“投资收益”科目，按其差额，借记或贷记（　　）科目。

A.“债权投资”（债券溢折价）　　B.“债权投资”（成本）

C. “债权投资”（应计利息）　　　　D. “债权投资”（利息调整）

11. 甲股份有限公司取得乙企业35%股权，支付的下列款项中，（　　）不应计入其初始投资成本。

A. 交易印花税　　　　B. 交易手续费

C. 付出资产的账面价值　　　　D. 付出资产的公允价值

12. 甲、乙两家公司同属丙公司的子公司。甲公司于2019年12月20日以发行股票方式从乙公司的股东手中取得乙公司60%的股份。甲公司发行1 500万股普通股股票，该股票每股面值为1元。乙公司在2019年12月20日所有者权益为2 000万，甲公司在2019年12月20日资本公积为180万元，盈余公积为100万元，未分配利润为200万元。甲公司该项长期股权投资的成本为（　　）万元。

A. 1 200　　　　B. 1 500

C. 1 820　　　　D. 480

13. 甲公司出资1 000万元，取得了乙公司80%的控股权，假如购买股权时乙公司的账面净资产价值为1 500万元，甲、乙公司合并前后同受一方控制。则甲公司确认的长期股权投资成本为（　　）万元。

A. 1 000　　　　B. 1 500

C. 800　　　　D. 1 200

14. A、B两家公司属于非同一控制下的独立公司。A公司于2019年12月1日以本企业的固定资产对B公司投资，取得B公司60%的股份。该固定资产原值1 500万元，已计提折旧400万元，已提取减值准备50万元，12月1日该固定资产公允价值为1 250万元。B公司2019年12月1日所有者权益为2 000万元。A公司该项长期股权投资的成本为（　　）万元。

A. 1 500　　　　B. 1 050

C. 1 200　　　　D. 1 250

15. 甲公司出资1 000万元，取得了乙公司80%的控股权，假如购买股权时乙公司的账面净资产价值为1 500万元，甲、乙公司合并前后不受同一方控制。则甲公司确认的长期股权投资成本为（　　）万元。

A. 1 000　　　　B. 1 500

C. 800　　　　D. 1 200

16. A、B两家公司属于同一控制下的独立公司。A公司于2019年12月1日以本企业的固定资产对B公司投资，取得B公司60%的股份。该固定资产原值1 500万元，已计提折旧400万元，已提取减值准备50万元，12月1日该固定资产公允价值为1 300万元。B公司2019年12月1日所有者权益为2 000万元。A公司该项长期股权投资的成本为（　　）万元。

A. 1 500　　B. 1 050

C. 1 300　　D. 1 200

17. 非企业合并，且以支付现金取得的长期股权投资，应当按照（　　）作为初始投资成本。

A. 实际支付的购买价款

B. 被投资企业所有者权益账面价值的份额

C. 被投资企业所有者权益公允价值的份额

D. 被投资企业所有者权益

18. 非企业合并，且以发行权益性证券取得的长期股权投资，应当按照发行权益性证券的（　　）作为初始投资成本。

A. 账面价值　　B. 公允价值

C. 支付的相关税费　　D. 市场价格

19. 投资者投入的长期股权投资，如果合同或协议约定价值是公允的，应当按照（　　）作为初始投资成本。

A. 投资合同或协议约定的价值　　B. 账面价值

C. 公允价值　　D. 市场价值

20. 根据《企业会计准则第 2 号——长期股权投资》的规定，长期股权投资采用权益法核算时，初始投资成本大于应享有被投资单位可辨认资产公允价值份额之间的差额，正确的会计处理是（　　）。

A. 计入投资收益　　B. 冲减资本公积

C. 计入营业外支出　　D. 不调整初始投资成本

21. 下列不属于企业投资性房地产的是（　　）。

A. 房地产开发企业将作为存货的商品房以经营租赁方式出租

B. 企业开发完成后用于出租的房地产

C. 企业持有并准备增值后转让的土地使用权

D. 房地产企业拥有并自行经营的饭店

22. 关于企业租出并按出租协议向承租人提供保安和维修等其他服务的建筑物，是否属于投资性房地产的说法正确的是（　　）。

A. 所提供的其他服务在整个协议中不重大的，该建筑物应视为企业的经营场所，应当确认为自用房地产

B. 所提供的其他服务在整个协议中如为重大的，应将该建筑物确认为投资性房地产

C. 所提供的其他服务在整个协议中如为不重大的，应将该建筑物确认为投资性房地产

D. 所提供的其他服务在整个协议中无论是否重大，均不将该建筑物确认为投资性房地产

23. 下列投资性房地产初始计量的表述不正确的有（　　）。

A. 外购的投资性房地产按照购买价款、相关税费和可直接归属于该资产的其他支出

B. 自行建造投资性房地产的成本，由建造该项资产达到可销售状态前所发生的必要支出构成

C. 债务重组取得的投资性房地产按照债务重组的相关规定处理

D. 非货币性资产交换取得的投资性房地产按照非货币性资产交换准则的规定处理

24. 企业对成本模式进行后续计量的投资性房地产摊销时，应该借记（　　）科目。

A. 投资收益　　B. 其他业务成本

C. 营业外收入　　D. 管理费用

25. 自用房地产转换为采用公允价值模式计量的投资性房地产，转换日该房地产公允价值大于账面价值的差额应计入（　　）。

A. 公允价值变动损益　　B. 其他综合收益

C. 营业外收入　　D. 期初留存收益

26. 假定甲公司 2019 年 1 月 1 日以 9 360 000 元购入的建筑物预计使用寿命为 20 年，预计净残值为零，采用直线法按年计提折旧。2019 年应计提的折旧额为（　　）元 。

A. 468 000　　B. 429 000

C. 439 000　　D. 478 000

27. 存货转换为采用公允价值模式计量的投资性房地产，投资性房地产应当按照转换当日的公允价值计量。转换当日的公允价值小于原账面价值的其差额通过（　　）科目核算。

A. 营业外支出　　B. 公允价值变动损益

C. 投资收益　　D. 其他业务收入

28. 企业的投资性房地产采用成本计量模式。2020 年 1 月 1 日，该企业将一项投资性房地产转换为固定资产。该投资性房地产的账面余额为 120 万元，已提折旧 20 万元，已经计提的减值准备为 10 万元。该投资性房地产的公允价值为 75 万元。转换日固定资产账户的入账金额为（　　）万元。

A. 100　　B. 80

C. 90　　D. 120

29. 甲公司将一栋自用办公楼转换为采用公允价值模式计量的投资性房地产，该办公楼的账面原值为 6 000 万元，已计提累计折旧 100 万元，固定资产减值准备 200 万元，转换日的公允价值为 7 000 万元。下列关于甲公司在转换日的会计处理，不正确的是

（　　）。

A. 借记“投资性房地产”科目 7 000 万元

B. 不需要将固定资产的账面价值转入“固定资产清理”科目

C. 转换日的公允价值大于固定资产的账面价值的差额 1 300 万元，计入其他综合收益

D. 转换日的公允价值大于固定资产的账面价值的差额 1 300 万元，计入公允价值变动损益

30. 甲公司将其一栋写字楼租赁给乙公司使用，并一直采用成本模式进行后续计量。2020 年 1 月 1 日，该项投资性房地产具备了采用公允价值模式计量的条件，甲公司决定对该投资性房地产从成本模式转换为公允价值模式计量。该写字楼的原价为 5 000 万元，已计提折旧 1 500 万元，计提减值准备 250 万元，当日该写字楼的公允价值为 5 500 万元。甲公司按净利润的 10%计提盈余公积。不考虑所得税等因素的影响，该事项对“利润分配——未分配利润”科目的影响金额为（　　）万元。

A. 2 025　　B. 2 250

C. 0　　D. 1 800

二、多项选择

1. 下列各项中，属于交易性金融资产的有（　　）。

A. 企业以出售金融资产实现现金流量为目标从二级市场购入的股票

B. 企业以出售金融资产实现现金流量为目标从二级市场购入的基金

C. 为收取合同现金流量为目标的债权投资

D. 以出售实现现金流量为目标而进行管理的可辨认金融工具

2. 下列各项不可以作为以摊余成本计量的金融资产的有（　　）。

A. 购入的股权投资

B. 为收取合同现金流量为目标的债权投资

C. 购入的以出售金融资产实现现金流量为目标从二级市场购入的债权

D. 购入的以出售实现现金流量为目标而进行管理的可辨认金融工具

3. 发生信用减值的金融资产的情形主要包括（　　）。

A. 发行方或债务人发生重大财务困难

B. 债务人违反合同，如偿付利息或本金违约或逾期等

C. 债务人很可能破产或进行其他财务重组

D. 发行方或债务人财务困难导致该金融资产的活跃市场消失

4. 下列关于金融资产的说法正确的有（　　）。

A. 以公允价值计量且其变动计入当期损益的金融资产其初始成本为其公允价值，

交易费用计入当期损益

B. 以摊余成本计量的金融资产其初始成本应以公允价值和交易费用之和进行确认

C. 以公允价值计量且其变动计入其他综合收益的金融资产其初始成本为其公允价值和交易费用之和

D. 以公允价值计量且其变动计入其他综合收益的金融资产其初始成本为其公允价值，交易费用计入当期损益

5. 下列各项中，会引起交易性金融资产账面余额发生变化的有（　　）。

A. 收到原未计入应收项目的交易性金融资产的利息

B. 期末交易性金融资产公允价值高于其账面余额的差额

C. 期末交易性金融资产公允价值低于其账面余额的差额

D. 出售交易性金融资产

6. 下列项目中，不应计入交易性金融资产取得成本的是（　　）。

A. 支付的购买价格　　B. 支付的相关税费

C. 支付的手续费　　D. 支付价款中包含的应收利息

7. 下列各项中，应作为以摊余成本计量的金融资产取得时初始成本入账的有（　　）。

A. 投资时支付的不含应收利息的价款

B. 投资时支付的手续费

C. 投资时支付的税费

D. 投资时支付款项中所含的已到期尚未发放的利息

8. 如果购入的以摊余成本计量的金融资产的实际利率等于票面利率，且不存在交易费用时，下列各项中，会引起以摊余成本计量的金融资产债权投资账面价值发生增减变动的有（　　）。

A. 计提债权投资减值准备

B. 确认分期付息债券的投资利息

C. 确认到期一次付息债券的投资利息

D. 出售债权投资

9. 下列金融资产需要计提资产减值的有（　　）。

A. 以摊余成本计量的金融资产

B. 贷款及应收款项

C. 以公允价值计量且其变动计入其他综合收益的金融资产（权益工具）

D. 以公允价值计量且其变动计入其他综合收益的金融资产（债权工具）

10. 下列各项中，影响当期损益的有（　　）。

A. 无法支付的应付款项

B. 因产品质量保证确认的预计负债

C. 研发项目在研究阶段发生的支出

D. 以公允价值计量且其变动计入其他综合收益的金融资产持有期间公允价值的增加

11. 在同一控制下的企业合并中，合并方取得的净资产账面价值与支付的合并对价账面价值（或发行股份面值总额）的差额，可能调整（　　）。

A. 盈余公积　　　　B. 营业外收入

C. 资本公积　　　　D. 未分配利润

12. 在非企业合并情况下，下列各项中，应作为长期股权投资取得时初始成本入账的有（　　）。

A. 投资时支付的不含应收股利的价款

B. 为取得长期股权投资而发生的评估、审计、咨询费

C. 投资时支付的税金、手续费

D. 投资时支付款项中所含的已宣告而尚未领取的现金股利

13. 企业处置长期股权投资时，正确的处理方法有（　　）。

A. 处置长期股权投资，其账面价值与实际取得价款的差额，应当计入投资收益

B. 处置长期股权投资，其账面价值与实际取得价款的差额，应当计入营业外收入

C. 采用权益法核算的长期股权投资，因被投资单位除净损益以外所有者权益的其他变动而计入所有者权益的，处置该项投资时应当将原计入所有者权益的部分按相应比例转入投资收益

D. 采用权益法核算的长期股权投资，因被投资单位除净损益以外所有者权益的其他变动而计入所有者权益的，处置该项投资时应当将原计入所有者权益的部分按相应比例转入营业外收入

14. 长期股权投资的权益法的适用范围是（　　）。

A. 投资企业能够对被投资企业实施控制的长期股权投资

B. 投资企业对被投资企业不具有控制、共同控制或重大影响的投资

C. 投资企业对被投资企业具有共同控制的长期股权投资

D. 投资企业对被投资企业具有重大影响的长期股权投资

15. 根据《企业会计准则第 2 号——长期股权投资》的规定，长期股权投资采用成本法核算时，下列各项会引起长期股权投资账面价值变动的有（　　）。

A. 追加投资　　　　B. 减少投资

C. 被投资企业实现净利润　　　　D. 被投资企业宣告发放现金股利

16. 对非同一控制下的企业合并购买方对合并成本大于合并中取得的被购买方可辨认净资产公允价值份额的差额的，下列说法中正确的有（　　）。

A. 确认为商誉

B. 计入资本公积

C. 构成长期股权投资的成本

D. 该部分是投资企业在购入该投资过程中与所取得的投资份额相对应的商誉，不须进行调整

17. 对长期股权投资采用权益法核算时，被投资企业发生的下列事项中，投资企业应该调整长期股权投资账面价值的有（ ）。

A. 被投资企业实现净利润　　B. 被投资企业宣告分配现金股利

C. 被投资企业购买固定资产　　D. 被投资企业计提盈余公积

18. 在具体实务中，确定股权购买日应包括的条件有（ ）。

A. 在购买协议已获股东大会通过，并已获相关部门批准（如果需要有关政府部门批准）

B. 购买企业已经支付价款（以现金和银行存款支付的价款）的大部分（一般应该超过 50%）

C. 购买企业和被购买企业已经办理必要的财产交接手续

D. 购买企业实际上已经控制被购买企业的财务和经营政策，被购买企业不能再从其所持有的股权中获得利益和承担风险

19. 下列项目中，投资企业不应确认投资收益的有（ ）。

A. 投资持有期间获得的投资时实际支付价款中包含的已宣告但尚未发放的现金股利

B. 成本法下分得的属于投资时被投资单位累积盈余分派的现金股利

C. 权益法下收到的被投资单位分派的现金股利

D. 被投资单位宣告发放股票股利

20. 权益法下，应计入“投资收益”科目的有（ ）。

A. 被投资单位宣告分派股票股利

B. 被投资企业发生亏损

C. 处置长期股权投资的收入与长期股权投资账面价值的差额

D. 被投资企业接受捐赠资产

21. 下列各项中，不属于投资性房地产的是（ ）。

A. 房地产企业开发的准备出售的房屋

B. 房地产企业开发的已出租的房屋

C. 企业持有的准备建造房屋的土地使用权

D. 企业以经营租赁方式租入的建筑物

22. 下列各项应该计入一般企业“其他业务收入”科目的有（ ）。

A. 出售投资性房地产的收入

B. 出租建筑物的租金收入

C. 出售自用房屋的收入

D. 将持有并准备增值后转让的土地使用权予以转让所取得的收入

23. 下列各项中，不影响企业当期损益的是（　　）。

A. 采用成本计量模式，期末投资性房地产的可收回金额高于账面价值

B. 采用成本计量模式，期末投资性房地产的可收回金额低于账面余额

C. 采用公允价值计量模式，期末投资性房地产的公允价值高于账面余额

D. 自用的房地产转换为采用公允价值模式计量的投资性房地产时，转换日房地产的公允价值大于账面价值

24. 下列情况下，企业可将其他资产转换为投资性房地产的有（　　）。

A. 原自用土地使用权停止自用改为出租

B. 房地产企业将开发的准备出售的商品房改为出租

C. 自用办公楼停止自用改为出租

D. 出租的厂房收回改为自用

25. 关于投资性房地产的计量模式，下列说法中正确的是（　　）。

A. 已经采用公允价值模式计量的投资性房地产，不得从公允价值模式转为成本模式

B. 已经采用成本模式计量的投资性房地产，不得从成本模式转为公允价值模式

C. 采用公允价值模式计量的，不对投资性房地产计提折旧或进行摊销

D. 企业对投资性房地产计量模式一经确定不得随意变更

26. 关于投资性房地产的后续计量，下列说法正确的有（　　）。

A. 采用公允价值模式计量的，不对投资性房地产计提折旧或进行摊销

B. 已采用公允价值模式计量的投资性房地产，不得从公允价值模式转为成本模式

C. 已经采用成本模式计量的，可以转为采用公允价值模式计量

D. 采用公允价值模式计量的，应对投资性房地产计提折旧或进行摊销

27. 企业将自用房地产或存货转换为采用公允价值模式计量的投资性房地产，下列说法正确的有（　　）。

A. 自用房地产或存货的房地产为采用公允价值模式计量的投资性房地产，该项投资性房地产应当按照转换当日的公允价值计量

B. 自用房地产或存货转换为采用公允价值模式计量的投资性房地产，该项投资性房地产应当按照转换当日的账面价值计量

C. 转换当日的公允价值小于原账面价值的差额作为公允价值变动损益

D. 转换当日的公允价值小于原账面价值的差额计入资本公积——其他资本公积

28. 将投资性房地产转换为其他资产或者将其他资产转换为投资性房地产，关于转换

日的确定，以下叙述正确的有（　　）。

A. 企业于2020年5月15日开始将原本用于出租的房地产改用于自身生产使用，则该房地产的转换日为2020年5月15日

B. 房地产开发企业2020年6月30日决定将其持有的开发产品以经营租赁的方式出租，租赁期开始日为2020年7月1日，则该房地产的转换日为2020年7月1日

C. 2020年10月20日，企业将某项土地使用权停止自用，2020年11月30日正式确定该项资产将于增值后出售，则该房地产的转换日为2020年10月20日

D. 企业2020年6月4日将原本用于生产商品的房地产改用于出租，租赁期开始日为2020年8月1日，则该房地产的转换日为2020年8月1日

三、判断

1. 对于以公允价值计量且其变动计入其他综合收益的金融资产，企业不能重分类为以摊余成本计量的金融资产。（　　）

2. 金融资产在初始确认时分为交易性金融资产、以摊余成本计量的金融资产、以公允价值计量且其变动计入其他综合收益的金融资产。上述分类一经确定，不得变更。（　　）

3. 购入交易性金融资产支付的交易费用，应该计入交易性资产的成本中。（　　）

4. 通常情况下以公允价值计量且其变动计入其他综合收益的金融资产以公允价值计量，不应当确认减值损失。（　　）

5. “交易性金融资产”科目的期末借方余额，反映企业持有的交易性金融资产的成本与市价孰低。（　　）

6. 资产负债表日，对于以摊余成本计量的金融资产为分期付息、一次还本债券投资的，企业应按票面利率计算确定的应收未收利息，应该借记“债权投资（应计利息）”科目。（　　）

7. 资产负债表日，债券的合同利率与实际利率差异较小的，也可以采用合同利率计算确定利息收入。（　　）

8. 企业取得以公允价值计量且其变动计入其他综合收益的金融资产时支付的交易费用应计入投资收益。（　　）

9. “其他权益工具投资”借方的期末余额，反映企业其他权益工具投资的金融资产的公允价值。（　　）

10. 交易性金融资产在持有期间赚取的现金股利，应冲减交易性金融资产的账面价值。（　　）。

11. 已经宣告发放的股票股利在尚未分派给股东之前，形成企业的一项负债。（　　）

12. 处置长期股权投资资产时，以前期间计入其他综合收益的金额应转入投资收益。（ ）

13. 对长期股权投资按照成本法核算时，被投资企业的资本公积增减变动，投资企业相应调整“资本公积——其他资本公积”科目。（ ）

14. A 公司于 2019 年 6 月以 3 000 万元取得 B 公司 30%的股权，因能够派人参与 B 公司的生产经营决策，对所取得的长期股权投资按照权益法核算，2019 年 12 月，A 公司又斥资 4 000 万元取得 B 公司另外 30%的股权。假定 A 公司在取得对 B 公司的长期股权投资以后，B 公司并未宣告发放现金股利或利润，则 A 公司的合并成本为 7 000 万元。（ ）

15. 长期股权投资采用成本法核算的，应按被投资单位宣告发放的现金股利或利润中属于本企业的部分，借记“应收股利”科目，贷记“投资收益”科目；属于被投资单位在本企业取得投资前实现净利润的分配额，应该借记“应收股利”科目，贷记“资本公积”科目。（ ）

16. 采用权益法核算的长期股权投资的初始投资成本大于投资时应享有被投资单位可辨认净资产公允价值份额的，其差额计入长期股权投资（股权投资差额）中。（ ）

17. 权益法核算下，处置长期股权投资时，应按实际收到的金额，借记“银行存款”等科目，按其账面余额，贷记“长期股权投资”科目，按尚未领取的现金股利或利润，贷记“应收股利”科目，按其差额，贷记或借记“投资收益”科目。已计提减值准备的，还应同时结转减值准备。除上述规定外，还应结转原记入其他综合收益的相关金额，借记或贷记“其他综合收益”科目，贷记或借记“投资收益”科目。（ ）

18. A 公司购入 B 公司 5%的股份，买价 322 000 元，其中含有已宣告发放、但尚未领取的现金股利 8 000 元。那么 A 公司取得长期股权投资的成本为 322 000 元。（ ）

19. 购买方为进行企业合并所发生的各项直接相关费用包括合并中发行权益性证券发生的手续费和佣金。（ ）

20. 被投资单位以盈余公积弥补亏损和以资本公积转增资本时，投资企业不需要进行账务处理。（ ）

21. 期末企业将投资性房地产的账面价值单独列示在资产负债表上。（ ）

22. 企业以融资租赁方式出租建筑物是作为投资性房地产进行核算的。（ ）

23. 企业不论在成本模式下，还是在公允价值模式下，投资性房地产取得的租金收入，均确认为其他业务收入。（ ）

24. 企业采用公允价值模式进行后续计量的，不对投资性房地产计提折旧或进行摊销，应当以资产负债表日投资性房地产的公允价值为基础调整其账面价值，公允价值与原账面价值之间的差额计入其他业务成本或其他业务收入。（ ）

25. 已采用公允价值模式计量的投资性房地产，不得从公允价值模式转为成本模式。（ ）

26. 企业在以成本模式计量的情况下，将作为存货的房地产转换为投资性房地产的，应按其在转换日的账面余额，借记“投资性房地产”科目，贷记“开发产品”等科目。 （　）

27. 企业采用公允价值模式计量的投资性房地产转换为自用房地产时，应当以其转换当日的公允价值作为自用房地产的账面价值，公允价值与原账面价值的差额计入当期损益（公允价值变动损益）。 （　）

28. 自用房地产或存货转换为采用公允价值模式计量的投资性房地产时，投资性房地产应当按照转换当日的公允价值计量，公允价值与原账面价值的差额计入当期损益（公允价值变动损益）。 （　）

29. 企业出售投资性房地产或者发生投资性房地产毁损，应当将处置收入扣除其账面价值和相关税费后的金额直接计入所有者权益。 （　）

30. 企业对投资性房地产进行日常维护所发生的支出，不符合投资性房地产确认条件，应当在发生时直接计入管理费用。 （　）

四、业务分析

1. 某股份有限公司 2019 年有关交易性金融资产的资料如下：

（1）3 月 1 日以银行存款购入 A 公司股票 50 000 股，并准备随时变现，每股买价 16 元，同时支付相关税费 4 000 元。

（2）4 月 20 日 A 公司宣告发放的现金股利每股 0. 4 元。

（3）4 月 21 日又购入 A 公司股票 50 000 股，并准备随时变现，每股买价 18. 4 元（其中包含已宣告发放尚未支取的股利每股 0. 4 元），同时支付相关税费 6 000 元。

（4）4 月 25 日收到 A 公司发放的现金股利 40 000 元。

（5）6 月 30 日 A 公司股票市价为每股 16. 4 元。

（6）7 月 18 日该公司以每股 17. 5 元的价格转让 A 公司股票 60 000 股，扣除相关税费 6 000元，实得金额为 1 044 000 元。

（7）12 月 31 日 A 公司股票市价为每股 18 元。

要求：根据上述经济业务编制有关会计分录。

2. 甲股份有限公司 2019 年 1 月 1 日购入乙公司当日发行的五年期债券，根据其管理业务模式的目标，分类为以摊余成本计量的金融资产，该债券的票面利率为 12%，债券每张面值 1 000 元，企业按每张 1 050 元的价格购入 80 张。该债券每年年末付息一次，最后一年还本并付最后一次利息。假设甲公司按年计算利息。假定不考虑相关税费。该债券的实际利率为 10. 66%。

要求：做出甲公司有关上述债券投资的会计处理（计算结果保留整数）。

3. 2019 年 5 月 6 日，甲公司支付价款 10 160 000 元（含交易费用 20 000 元和已宣告发放现金股利140 000元），购入乙公司发行的股票200 000股，占乙公司有表决权股份的0.5%。甲公司将其划分为以公允价值计量且其变动计入其他综合收益的非交易性权益工具投资。

2019年5月10日，甲公司收到乙公司发放的现金股利140 000元。

2019年6月30日，该股票市价为每股52元。

2019年12月31日，甲公司仍持有该股票；当日，该股票市价为每股50元。

2020年5月9日，乙公司宣告发放股利40 000 000元。

2020年5月13日，甲公司收到乙公司发放的现金股利。

2020年5月20日，甲公司以每股49元的价格将股票全部转让。

假定不考虑其他因素，要求：编制甲公司的账务处理。

4. 2019年1月1日，甲公司购买了当日发行的一项公司债券，年限5年，债券的本金1 000万元，公允价值为1 100万元，交易费用为8万元，次年1月5日按票面利率6%支付利息。该债券在第五年兑付本金及最后一期利息。实际利率4%。2019年年末，该债券公允价值为1 200万元。

要求：

（1）假定甲公司根据其管理业务模式的目标，将该债券划分为交易性金融资产，编制2019年甲公司相关的账务处理。

（2）假定甲公司根据其管理业务模式的目标，将该债券划分为以摊余成本计量的金融资产，编制2019年甲公司相关的账务处理。

（3）假定甲公司根据其管理业务模式的目标，将该债券划分为以公允价值计量且其变动计入其他综合收益的金融资产，编制2019年甲公司相关的账务处理。

5. 2018年2月1日，A公司以银行存款500万元取得B公司80%的股份。该项投资属于非同一控制下的企业合并。B公司所有者权益的账面价值为700万元。2018年5月2日，B公司宣告分配2017年度现金股利100万元，5月20日已收到股利，2018年度B公司实现利润200万元。2019年5月2日，B公司宣告分配现金股利300万元，5月15日收到此股利，2019年度B公司实现利润300万元。

要求：做出A公司上述股权投资的会计处理。

6. 甲股份有限公司（以下简称甲公司）2017年至2019年投资业务有关的资料如下：

（1）2017年2月1日，甲公司以银行存款1 000万元，购入乙股份有限公司（以下简称乙公司）股票，占乙公司有表决权股份的30%，对乙公司的财务和经营政策具有重大影响。不考虑相关费用。2017年2月1日，乙公司所有者权益总额为3 000万元（与公允价值一致）。

（2）2017年5月2日，乙公司宣告发放2016年度的现金股利200万元，并于2017年5月26日实际发放。

（3）2017 年度，乙公司实现净利润 1 200 万元。

（4）2018 年 5 月 2 日，乙公司宣告发放 2017 年度的现金股利 300 万元，并于 2018 年 5 月 20 日实际发放。

（5）2018 年度，乙公司发生净亏损 600 万元。

（6）2018 年 12 月 31 日，甲公司预计对乙公司长期股权投资的可收回金额为 900 万元。

（7）2019 年 9 月 3 日，甲公司与丙股份有限公司（以下简称丙公司）签订协议，将其所持有乙公司的 30% 的股权全部转让给丙公司。股权转让协议如下：①股权转让协议在经甲公司和丙公司的临时股东大会批准后生效；②股权转让价款总额为 1 100 万元，协议生效日丙公司支付股权转让价款总额的 80%，股权过户手续办理完成时支付股权转让价款总额的 20%。

2019 年 10 月 31 日，甲公司和丙公司分别召开临时股东大会批准了上述股权转让协议。当日，甲公司收到丙公司支付的股权转让价款总额的 80%。截至 2019 年 12 月 31 日，上述股权转让的过户手续尚未办理完毕。

（8）2019 年度，乙公司实现净利润 400 万元，其中 1 月至 10 月份实现净利润 300 万元。

假定除上述交易或事项外，乙公司未发生导致其所有者权益发生变动的其他交易或事项。

要求：编制甲公司 2017 年至 2019 年投资业务相关的会计分录。（“长期股权投资”科目要求写出明细科目；答案中的金额单位用万元表示。）

7. 2019 年 5 月 10 日，甲上市公司以其库存商品对乙企业投资，投出商品的成本为 180 万元，公允价值和计税价格均为 200 万元，增值税率为 13%（不考虑其他税费）。甲上市公司对乙企业的投资占乙企业注册资本的 20%，甲上市公司采用权益法核算该项长期股权投资。2019 年 5 月 10 日，乙企业所有者权益总额为 1 000 万元（假定为公允价值）。乙企业 2019 年实现净利润 600 万元。假设 2020 年乙企业发生亏损 2 200 万元。假定甲企业账上有应收乙企业长期应收款 80 万元。假设 2021 年乙企业实现净利润 1 000 万元。

要求：根据上述资料，编制甲上市公司对乙企业投资及确认投资收益的会计分录。（金额单位为万元）

8. A 公司 2018 年 1 月 1 日以 950 万元（含支付的相关费用 10 万元）购入 B 公司股票 400 万股，每股面值 1 元，占 B 公司发行在外股份的 20%，A 公司采用权益法核算该项投资。

2018 年 1 月 1 日 B 公司股东权益的公允价值总额为 4 000 万元。

2018 年 B 公司实现净利润 600 万元，提取盈余公积 120 万元。

2019 年 B 公司实现净利润 800 万元，提取盈余公积 160 万元，宣告发放现金股利 100

万元，A 公司已经收到。

2019 年 B 公司由于以公允价值计量且其变动计入其他综合收益的金融资产公允价值变动增加其他综合收益 200 万元。

2019 年末该项股权投资的可收回金额为 1 200 万元。

2020 年 1 月 5 日 A 公司转让对 B 公司的全部投资，实得价款 1 300 万元。

要求：根据上述资料编制 A 公司上述有关投资业务的会计分录（金额单位以万元表示）。

9. 2019 年 4 月 20 日乙公司购买一块土地使用权，增值税专用发票上注明购买价款 2 000万元，增值税 180 万元，支付相关手续费 30 万元，款项全部以银行存款支付。企业购买后准备等其增值后予以转让。乙公司对该投资性房地产采用公允价值模式进行后续计量。

该项投资性房地产 2019 年取得含税租金收入为 163.5 万元（租金 150 万元，增值税 13.5 万元），已存入银行，假定不考虑其他相关税费。经复核，该投资性房地产 2019 年 12 月 31 日的公允价值为 2 000 万元。

要求：做出乙公司相关的会计处理。（金额单位用万元表示）

10. 乙公司将原采用公允价值计量模式计价的一幢出租用厂房收回，作为企业的一般性固定资产处理。在出租收回前，该投资性房地产的成本和公允价值变动明细科目分别为 700 万元和 100 万元（借方）。转换当日该厂房的公允价值为 780 万元。（金额单位用万元表示。）

要求：做出乙公司转换日的会计处理。

11. 甲股份有限公司（以下简称甲公司）为华北地区的一家上市公司，甲公司 2017 年至 2019 年与投资性房地产有关的业务资料如下：

（1）2017 年 1 月，甲公司购入一幢建筑物，取得的增值税专用发票上注明的价款为 800 万元，增值税 72 万元，款项以银行存款转账支付。不考虑其他相关税费。

（2）甲公司购入的上述用于出租的建筑物预计使用寿命为 15 年，预计净残值为 17 万元，采用年限平均法按年计提折旧。

（3）甲公司将取得的该项建筑物自当月起用于对外经营租赁，甲公司对该房地产采用成本模式进行后续计量。

（4）甲公司该项房地产 2017 年取得含税租金收入为 98.1 万元（租金 90 万元，增值税 8.1 万元），已存入银行。假定不考虑其他相关税费。

（5）2019 年 12 月，甲公司将原用于出租的建筑物收回，作为企业经营管理用固定资产处理。

要求：

（1）编制甲公司 2017 年 1 月取得该项建筑物的会计分录。

（2）计算 2017 年度甲公司对该项建筑物计提的折旧额，并编制相应的会计分录。

（3）编制甲公司 2017 年取得该项建筑物租金收入的会计分录。

（4）计算甲公司该项房地产 2018 年年末的账面价值。

（5）编制甲公司 2019 年收回该项建筑物的会计分录。

（答案中的金额单位用万元表示。）

12. 长城有限责任公司（以下简称长城公司）于 2017 年 12 月 31 日将一建筑物对外出租并采用公允价值模式计量，租期为 3 年，每年 12 月 31 日收取含税租金 218 万元（租金 200 万元，增值税 18 万元），出租当日，该建筑物的成本为 2 700 万元，已计提折旧 400 万元，尚可使用年限为 20 年，公允价值为 1 700 万元，2018 年 12 月 31 日，该建筑物的公允价值为 1 830 万元，2019 年 12 月 31 日，该建筑物的公允价值为 1 880 万元，2020 年 12 月 31 日的公允价值为 1 760 万元，2021 年 1 月 5 日将该建筑物对外出售，收到 1 800 万元存入银行。

要求：编制长城公司上述经济业务的会计分录。

项目八　税费核算业务

一、单项选择

1. 某企业本月发生销项税合计 84 770 元，进项税转出 24 578 元，进项税额为 20 440 元，已交增值税 60 000 元，则本月应交增值税为（　　）。

A. 28 908 元　　B. -28 908 元

C. 20 257 元　　D. -20 257 元

2. 企业建造办公大楼领用生产用原材料 10 000 元，购入材料的增值税为 1 300 元，则计入“在建工程”的金额为（　　）。

A. 11 300 元　　B. 10 780 元

C. 10 520 元　　D. 10 000 元

3. 某一般纳税企业委托外单位加工一批消费税应税消费品，材料成本 50 万元，加工费 12 万元（不含税），受托方增值税率为 13%，受托方代收代缴消费税 2 万元。该批材料加工后委托方直接出售，则该批材料加工完毕入库时的成本为（　　）万元。

A. 64　　B. 62

C. 58. 5　　D. 70. 5

4. 某企业将自产的一批应税消费品（非金银首饰）用于在建工程。该批消费品成本为 750 万元，计税价格 1 250 万元，适用的增值税税率为 13%，消费税税率为 10%。计入在建工程成本的金额为（　　）万元。

A. 875　　B. 962. 5

C. 1 075　　D. 1 587. 5

5. 某企业为增值税一般纳税人，2018 年应交各种税费为：增值税 350 万元，消费税 150 万元，城市维护建设税 35 万元，房产税 10 万元，车船税 5 万元，所得税 250 万元。上述各项税金应计入税金及附加的金额为（　　）万元。

A. 800　　B. 200

C. 450　　D. 50

6. 小规模纳税企业购入原材料取得的增值税专用发票上注明：货款 20 000 元。增值税 3 200 元，在购入材料的过程中另支付运杂费 600 元。则该企业原材料的入账价值为

（　　）元。

A. 20 000　　B. 23 200

C. 20 600　　D. 23 800

7. 甲公司收购免税农业产品作为原材料，实际支付款项 1 090 000 元，产品已验收入库，款项已经支付。假定甲公司采用实际成本进行材料日常核算，该产品准予抵扣的进项税额按买价的 9%计算确定。甲公司的免税农业产品的增值税进项税额为（　　）万元。

A. 9　　B. 10.9

C. 10.78　　D. 9.81

8. 甲增值税一般纳税人因火灾毁损库存材料一批，该批原材料实际成本为 40 万元，保险公司赔偿 30 万元。该企业适用的增值税税率为 13%，则毁损原材料应转出的进项税额是（　　）万元。

A. 3.9　　B. 1.3

C. 9.1　　D. 5.2

9. 某企业本期应交房产税 3 万元，应交城镇土地使用税 2 万元，应交印花税 1 万元，因扩建占地应交耕地占用税 10 万元，则本期影响“应交税费”科目的金额是（　　）万元。

A. 5　　B. 6

C. 15　　D. 16

10. 下列税金中，与企业计算损益无关的是（　　）。

A. 消费税　　B. 一般纳税企业的增值税

C. 所得税　　D. 城市维护建设税

二、多项选择

1. 企业缴纳的下列税费，应通过“应交税费”科目核算的有（　　）。

A. 印花税　　B. 消费税

C. 房产税　　D. 土地增值税

2. 下列税费中，应计入存货成本的有（　　）。

A. 受托方代收代缴的委托加工直接用于对外销售的商品负担的消费税

B. 由受托方代收代缴的委托加工继续用于生产应纳消费税的商品负担的消费税

C. 进口原材料交纳的进口关税

D. 小规模纳税企业购买材料交纳的增值税

3. 下列项目所包含的进项税额，不得从销项税额中抵扣的有（　　）。

A. 外购用于集体福利的车辆

B. 因自然灾害发生损失的原材料

C．生产企业用于经营管理的办公用品

D．为生产有机肥（免税产品）购入的原材料

4．下列税费，应计入企业固定资产价值的有（　　）。

A．房产税　　B．车船税

C．车辆购置税　　D．购入固定资产交纳的契税

5．下列税费中，不考虑特殊情况时，会涉及抵扣情形的有（　　）。

A．一般纳税人购入货物用于生产所负担的增值税

B．委托加工收回后用于连续生产应税消费品

C．取得海关完税凭证进口货物所负担的增值税

D．从小规模纳税人购入货物取得普通发票的增值税

6．甲企业为增值税一般纳税人，委托外单位加工一批材料（属于应税消费品，且为非金银首饰）。该批原材料加工收回后用于连续生产应税消费品。甲企业发生的下列各项支出中，会增加收回委托加工材料实际成本的有（　　）。

A．支付的加工费　　B．支付的增值税

C．负担的运杂费　　D．支付的消费税

7．下列货物中，适用增值税低税率9%的有（　　）。

A．食用植物油　　B．饲料

C．化妆品　　D．大米

8．企业记入“税金及附加”的税费有（　　）。

A．土地增值税　　B．印花税

C．房产税　　D．耕地占用税

9．下列各项税费中，影响企业损益的有（　　）。

A．消费税　　B．印花税

C．增值税销项税额　　D．所得税

10．企业按规定交纳增值税的项目有（　　）。

A．销售商品取得收入　　B．销售不动产取得收入

C．出租无形资产取得收入　　D．提供运输劳务取得收入

三、判断

1．房产税、车船使用税、土地使用税、印花税在“管理费用”科目核算。（　　）

2．在建工程领用企业外购的原材料，企业通常视同销售处理。（　　）

3．土地增值税应该计入在建工程或固定资产的成本。（　　）

4．公司向职工发放自产产品作为福利，同时要根据相关税收规定，视同销售计算增值税销项税额。（　　）

5. 企业按规定计算出应交的教育费附加，一般都是借记“税金及附加”科目，贷记“应交税费——应交教育费附加”科目。实际上交时，借记“应交税费——应交教育费附加”科目，贷记“银行存款”科目。（　）

6. 企业应交的各种税费，都通过“应交税费”科目核算。（　）

7. 委托加工的应税消费品收回后直接用于销售的，委托方应将受托方代收代交的消费税计入委托加工后的应税消费品的成本。（　）

8. 企业只有在对外销售消费税应税产品时才应交纳消费税。（　）

9. 企业以自产的产品对外捐赠，由于会计核算时不做销售处理，因此不需交纳增值税。（　）

10. 某企业为小规模纳税人，销售产品一批，含税价格 41 200 元，增值税征收率 3%，该批产品应交增值税为 1 200 元。（　）

四、业务分析

1.（1）甲小规模纳税企业购入材料一批，取得的专用发票注明货款是 20 000 元，增值税 2 600 元，款项以银行存款支付，材料已经验收入库（该企业按实际成本计价核算）。

（2）甲小规模纳税企业销售产品一批，所开具的普通发票中注明货款（含税）20 600 元，增值税征收率 3%，款项已存入银行。

（3）甲企业月末以银行存款上缴增值税 600 元。

要求：编制甲企业上述业务的会计分录。

2. 某工业生产企业核定为小规模纳税人，增值税征收率 3%，本期购入原材料，按照增值税专用发票上记载的原材料价款为 100 万元，支付的增值税额为 13 万元，企业开出承兑的商业汇票，材料尚未到达。该企业本期销售产品，销售价格总额为 90 万元（含税），假定符合收入确认条件，货款尚未收到。编制该企业上述业务的会计分录。

3. 某企业委托外单位加工材料（非金银首饰），原材料价款 20 万元，加工费用 5 万元，由受托方代收代缴的消费税 0. 5 万元（不考虑增值税），材料已经加工完毕验收入库，加工费用尚未支付。假定该企业材料采用实际成本核算。分别编制委托方收回后用于继续生产应税消费品和直接用于销售的会计分录。

4. 某企业（为增值税一般纳税人）9 月初“应交税费”账户余额为零，当月发生下列相关业务：

（1）购入材料一批，价款 300 000 元，增值税 39 000 元，以银行存款支付，企业采用计划成本法核算，该材料计划成本 320 000 元，已验收入库。

（2）将账面价值为 540 000 元的产品专利权出售，收到价款 636 000 元存入银行（含税），适用的增值税税率为 6%，假定该专利权没有计提摊销和减值准备（不考虑除增值税以外的其他税费）。

（3）销售应税消费品一批，价款 600 000 元，增值税 78 000 元，收到货款并存入银行，消费税适用税率为 10%，该批商品的成本是 500 000 元。

（4）月末计提日常经营活动产生的城市维护建设税和教育费附加，适用的税率和费率分别为 7%和 3%。

要求：编制（1）~（4）业务会计分录并列示业务（4）的计算过程。

5. 华联公司为增值税一般纳税企业，适用的增值税税率为 13%，消费税税率为 10%，所得税税率为 25%，存货收发采用实际成本法核算。该企业 2019 年发生下列经济业务：

（1）从一般纳税企业购入一批原材料，增值税专用发票上注明的原材料价款为 100 万元，增值税 13 万元，货款已经支付，另购入材料过程中支付运费 1 万元（不含增值税），取得增值税专用发票，税率为 9%，材料已经到达并验收入库。

（2）将一批外购原材料用于建造办公楼，材料成本为 10 000 元，该材料购进时确认的进项税为 1 300 元。

（3）购入工程物资一批，其价款为 20 万元，增值税为 2.6 万元，用银行存款支付。

（4）转让一项专利权的所有权，收入 10.6 万元存入银行，该专利权原值为 12 万元，转让时已经累计摊销 6 万元，没有计提减值准备，增值税税率为 6%。

（5）企业用银行存款支付购买印花税票 1 300 元。

（6）向甲公司销售一批应税消费品 10 万元（主营业务），增值税 1.3 万元，收到款项存入银行。该批产品的实际成本为 8 万元。

要求：根据上述业务（1）~（6）编制相关的会计分录。

项目九　职工薪酬核算业务

一、单项选择

1. 企业作为福利为高管人员配备汽车。计提这些汽车折旧时，应编制的会计分录是（　　）。

A. 借记“累计折旧”科目，贷记“固定资产”科目
B. 借记“管理费用”科目，贷记“固定资产”科目
C. 借记“管理费用”科目，贷记“应付职工薪酬”科目；同时，借记“应付职工薪酬”科目，贷记“累计折旧”科目
D. 借记“管理费用”科目，贷记“固定资产”科目；同时，借记“应付职工薪酬”科目，贷记“累计折旧”科目

2. 甲公司为增值税一般纳税人，适用的增值税税率为13%。2019年12月甲公司董事会决定将本公司生产的500件产品作为福利发放给公司管理人员。该批产品的单件成本为1.2万元，市场销售价格为每件2万元（不含增值税）。不考虑其他相关税费，甲公司在2019年因该项业务应计入管理费用的金额为（　　）万元。

A. 600　　B. 770
C. 1 000　　D. 1 130

3. 企业从应付职工工资中代扣的职工房租，应借记的会计科目是（　　）。

A. 应付职工薪酬　　B. 管理费用
C. 其他应收款　　D. 其他应付款

4. 下列职工薪酬中，不应当根据职工提供服务的受益对象计入成本费用的是（　　）。

A. 因解除与职工的劳动关系给予的补偿
B. 构成工资总额的各组成部分
C. 工会经费和职工教育经费
D. 医疗保险费、养老保险费、失业保险费、工伤保险费和生育保险费等社会保险费

5. 某饮料生产企业为增值税一般纳税人，年末将本企业生产的一批饮料发放给职工

作为福利。该饮料市场售价为12万元（不含增值税），增值税适用税率为13%，实际成本为10万元。假定不考虑其他因素，该企业应确认的应付职工薪酬为（　　）万元。

A. 10　　B. 11.7

C. 12　　D. 13.56

6. 企业在无形资产研究阶段发生的职工薪酬，最终应当计入（　　）。

A. 无形资产的成本　　B. 当期损益

C. 存货成本或劳务成本　　D. 在建工程成本

7. 下列项目中，不属于职工薪酬的是（　　）。

A. 职工出差报销的飞机票　　B. 职工福利费

C. 医疗保险费　　D. 职工工资

8. 应由生产产品、提供劳务负担的职工薪酬，应当（　　）。

A. 计入管理费用　　B. 计入营业外支出

C. 计入存货成本或劳务成本　　D. 计入销售费用

9. 企业因解除与职工的劳动关系给予职工补偿而发生的职工薪酬，应借记的会计科目是（　　）。

A. 营业外支出　　B. 存货成本或劳务成本

C. 管理费用　　D. 销售费用

10. 对以经营租赁方式租入的生产线进行改良，应付企业内部改良工程人员工资，应借记的会计科目是（　　）。

A. 制造费用　　B. 长期待摊费用

C. 应付职工薪酬　　D. 在建工程

二、多项选择

1. 下列各项中，应作为应付职工薪酬核算的有（　　）。

A. 支付的工会经费　　B. 支付的职工教育经费

C. 为职工支付的住房公积金　　D. 为职工无偿提供的医疗保健服务

2. 下列属于职工薪酬中所说的职工的是（　　）。

A. 全职、兼职职工　　B. 董事会成员

C. 内部审计委员会成员　　D. 劳务用工合同人员

3. 下列各项中，应通过“应付职工薪酬”科目核算的有（　　）。

A. 基本工资　　B. 经常性奖金

C. 养老保险费　　D. 股份支付

4. 甲公司决定为企业的部门经理每人租赁住房一套，并提供轿车一辆，免费使用，所有轿车的月折旧为1万元，所有外租住房的月租金为1.5万元，则甲公司的账务处理正

确的有（　　）。

A. 借：管理费用　　10 000
　　贷：应付职工薪酬　　10 000

B. 借：应付职工薪酬　　10 000
　　贷：累计折旧　　10 000

C. 借：管理费用　　15 000
　　贷：应付职工薪酬　　15 000

D. 借：应付职工薪酬　　15 000
　　贷：银行存款　　15 000

5. 下列各项中，应确认为应付职工薪酬的有（　　）。

A. 非货币性福利　　B. 社会保险费和辞退福利

C. 职工工资、福利费　　D. 工会经费和职工教育经费

6. 某公司向职工发放自产的加湿器作为福利，该产品的成本为每台 150 元，共有职工 500 人，计税价格为 200 元，增值税税率为 13%，不计入该公司应付职工薪酬的金额为（　　）元。

A. 113 000　　B. 75 000

C. 100 000　　D. 92 000

7. 因解除与职工的劳动关系给予的补偿，不应借记的科目是（　　），贷记“应付职工薪酬”科目。

A. 在建工程　　B. 研发支出

C. 销售费用　　D. 管理费用

8. 下列关于职工薪酬计量的叙述正确的有（　　）。

A. 国家规定了计提基础和计提比例的，应当按照国家规定的标准计提

B. 没有规定计提基础和计提比例的，企业应当根据历史经验数据和实际情况，合理预计当期应付职工薪酬

C. 在职工提供服务的会计期末以后一年以上到期的应付职工薪酬，企业必须选择恰当的折现率，以应付职工薪酬折现后的金额计入相关资产成本或当期损益

D. 租赁住房等资产供职工无偿使用的，应当根据受益对象，将每期应付的租金计入相关资产成本或当期损益，并确认应付职工薪酬

9. 分配职工养老保险费时，可能借记的会计科目有（　　）。

A. 生产成本　　B. 财务费用

C. 管理费用　　D. 在建工程　E、销售费用

10. 辞退福利通常采取的方式有（　　）。

A. 在解除劳动关系时一次性支付补偿

B. 提高退休后养老金的标准

C. 提高离职后福利的标准

D. 将职工工资支付至辞退后未来某一期间

三、判断

1. 企业为职工缴纳的基本养老保险金、补充养老保险费，以及为职工购买的商业养老保险，均属于企业提供的职工薪酬。（　　）

2. 将企业拥有的房屋无偿提供给职工使用的，应当根据受益对象，将该住房每期应计提的折旧计入相关资产成本或当期损益，借记“管理费用”“生产成本”“制造费用”等科目，贷记“累计折旧”科目。（　　）

3. 企业的工资总额都应计入产品成本。（　　）

4. 企业向职工食堂、职工医院、生活困难职工等支付职工福利费。应借记“应付职工薪酬——职工福利”科目。（　　）

5. 工伤保险和职工教育经费不属于职工薪酬的范围，不通过“应付职工薪酬”科目核算。（　　）

6. 职工薪酬中的工会经费应当根据职工提供服务的受益对象分别计入成本费用。（　　）

7. 计量应付职工薪酬时，国家规定了计提基础和计提比例的，应当按照国家规定的标准计提；没有规定计提基础和计提比例的，企业不得预计当期应付职工薪酬。（　　）

8. “五险一金”是指企业依照国务院有关主管部门或者省级人民政府规定的范围和标准为职工缴纳的养老保险费、医疗保险费、失业保险费、工伤保险费、生育保险费等基本社会保险费和住房公积金。（　　）

9. 应由生产产品、提供劳务负担的职工薪酬，计入当期损益。（　　）

10. 养老保险费，包括根据国家规定的标准向社会保险经办机构缴纳的基本养老保险费，以及根据企业年金计划向企业年金基金相关管理人缴纳的补充养老保险费。（　　）

四、业务分析

1. 某企业计算本月应付管理人员工资总额 200 000 元，代扣代缴个人所得税 3 000 元，用银行存款发放工资 197 000 元。

要求：编制该企业的相关会计处理。

2. 甲公司是一家生产洗衣机的企业，有职工 200 名，其中一线生产工人为 180 名，总部管理人员为 20 名，2019 年 12 月，甲公司决定以其生产的洗衣机作为福利发给职工。该洗衣机的单位成本为 2 000 元，单位计税价格为 3 000 元，适用的增值税率为 13%。要求做出甲公司的账务处理。

3. A 工厂 2019 年 12 月份按照上年工资薪酬 20%、2%、0.5%、0.8%、9%分别计提养老保险、失业保险、工伤保险金、生育保险金、医疗保险。上年工资薪酬为 500 000 元，具体为：基本生产车间工人 200 000 元，车间管理人员 50 000 元，为试制专利产品人员 100 000 元，行政管理部门人员 150 000 元。编制该企业计提社会保险的会计分录。

4. 甲上市公司为增值税一般纳税人，适用的增值税税率为 13%。2019 年 12 月发生与职工薪酬有关的交易或事项如下：

（1）对行政管理部门使用的设备进行日常维修，应付企业内部维修人员工资 1.2 万元。

（2）对以经营租赁方式租入的生产线进行改良，应付企业内部改良工程人员工资 3 万元。

（3）为公司总部下属 25 位部门经理每人配备汽车一辆免费使用，假定每辆汽车每月计提折旧 0.08 万元。

（4）将 50 台自产的 V 型厨房清洁器作为福利分配给本公司行政管理人员。该厨房清洁器每台生产成本为 1.2 万元，市场售价为 1.5 万元（不含增值税）。

（5）月末，分配职工工资 150 万元，其中直接生产产品人员工资 105 万元，车间管理人员工资 15 万元，企业行政管理人员工资 20 万元，专设销售机构人员工资 10 万元。

（6）以银行存款缴纳职工医疗保险费 5 万元。

（7）按规定计算代收代交职工个人所得税 0.8 万元。

（8）以现金支付职工李某生活困难补助 0.1 万元。

（9）从应付张经理的工资中，扣回上月代垫的应由其本人负担的医疗费 0.8 万元。

要求：编制甲上市公司 2019 年 12 月上述交易或事项的会计分录。

5. 大海公司为家电生产企业，共有职工 310 人，其中生产工人 200 人，车间管理人员 15 人，行政管理人员 20 人，销售人员 15 人，在建工程人员 60 人。大海公司适用的增值税税率为 13%。2019 年 12 月份发生如下经济业务：

（1）本月应付职工工资总额为 380 万元，工资费用分配汇总表中列示的产品生产工人工资为 200 万元，车间管理人员工资为 30 万元，企业行政管理人员工资为 50 万元，销售人员工资 40 万元，在建工程人员工资 60 万元。

（2）以其自己生产的某种电暖气发放给公司每名职工，每台电暖气的成本为 800 元，市场售价为每台 1 000 元。

（3）为总部部门经理以上职工提供汽车免费使用，为副总裁以上高级管理人员每人租赁一套住房。大海公司现有总部部门经理以上职工共 10 人，假定所提供汽车每月计提折旧 4 万元；现有副总裁以上职工 3 人，所提供住房每月的租金 2 万元。

（4）用银行存款支付副总裁以上职工住房租金 2 万元

（5）结算本月应付职工工资总额 380 万元，代扣职工房租 10 万元，企业代垫职工家属医药费 2 万元，代扣个人所得税 20 万元，余款用银行存款支付。

（6）上交个人所得税 20 万元。

（7）下设的职工食堂维修领用原材料 5 万元，其购入时支付的增值税 0.65 万元。

要求：编制上述业务的会计分录。（答案中的金额单位用万元表示）

项目十　筹资核算业务

一、单项选择

1. 在接受投资时，非股份有限公司应通过（　　）科目核算。

A. 资本公积——其他资本公积　　B. 未分配利润

C. 股本　　D. 实收资本

2. 下列有关盈余公积的表述正确的是（　　）。

A. 企业计提法定盈余公积的基数包括年初未分配利润

B. 企业在提取盈余公积之前可以向投资者分配利润

C. 企业提取的盈余公积可以用于弥补亏损、转增资本和扩大生产经营

D. 企业发生亏损时，可以用以后五年内实现的税前利润弥补，不得用税后利润弥补

3. 股票面值与股份总数的乘积称为（　　）。

A. 股本　　B. 注册资本

C. 股东　　D. 实收资本

4. 下列各项属于“资本公积”账户贷方核算内容的有（　　）。

A. 企业受到投资者出资额超出其注册资本或股本中所占份额的部分

B. 盈余公积补的损失

C. 企业用资本公积弥补亏损

D. 企业因资本过剩而减资

5. 甲公司 2019 年 1 月 1 日按每份面值 100 元发行了 100 万份可转换公司债券，发行价格为 10 000 万元，无发行费用。该债券期限为 3 年，票面年利率为 6%，利息每年 12 月 31 日支付。债券发行一年后可转换为普通股。债券持有人若在当期付息前转换股票的，应按照债券面值与和应付利息之和除以转股价，计算转股股份数。该公司发行债券时，二级市场上与之类似但没有转股权的债券的市场年利率为 9%。（P/A，9%，3）= 2. 531 3，（P/F，9%，3）= 0. 772 2。

甲公司发行可转换公司债券初始确认对所有者权益的影响金额是（　　）万元。

A. 759. 22　　B. 9 240. 78

C. 10 000　　D. 0

6. 未分配利润是指企业（　　）。

A. 当年实现的利润　　B. 累计实现的利润

C. 缴纳所得税前的利润　　D. 尚未向投资者分配的利润

7. 某股份有限公司于2019年1月1日发行3年期，每年1月1日付息、到期一次还本的公司债券，债券面值为200万元，票面年利率为5%，实际利率为6%，发行价格为194.65万元。按实际利率法确认利息费用。该债券2020年度确认的利息费用为（　　）万元。

A. 11.78　　B. 12

C. 10　　D. 11.68

8. 下列关于可转换公司债券的表述不正确的是（　　）。

A. 可转换公司债券属于混合工具，既含有负债成分，又含有权益成分

B. 可转换公司债券的负债成分按照其公允价值进行初始确认

C. 可转换公司债券的权益成分按照债券的发行价格扣除负债成分公允价值后的金额为基础进行初始确认

D. 发行可转换公司债券的交易费用应计入当期损益

9. 甲股份有限公司由A、B、C三位股东各自出资300万元设立，设立时注册资本为900万元。甲公司经营五年后，2019年11月25日D公司决定投资380万元，占甲公司注册资本的25%，追加投资后，注册资本由900万元增加到1 280万元。该投资协议于2019年12月10日经D公司临时股东大会批准，12月31日经甲公司董事会、股东会批准，增资手续于2020年1月5日办理完毕，同日D公司已将全部款项投入给甲公司。甲公司记入“资本公积——股本溢价”科目的金额是（　　）万元。

A. 60　　B. 80

C. 380　　D. 150

10. 按《企业会计准则》的规定，短期借款所发生的利息，一般应计入（　　）。

A. 管理费用　　B. 营业外支出

C. 财务费用　　D. 销售费用

二、多项选择

1. 企业所有者权益可以分为（　　）。

A. 实收资本　　B. 资本公积和其他综合收益

C. 留存收益　　D. 其他权益工具

2. 有限责任公司投资者出资的方式主要有（　　）。

A. 货币资金

B. 固定资产，存货等实物资产

C. 知识产权、土地使用权等可以用货币估价并可以依法转让的非货币财产

D. 法律、行政法规规定不得作为出资的财产

3. 企业增加实收资本的途径主要有（　　）等。

A. 投资者（包括原企业的所有者和新投资者）投入

B. 将企业资本公积、盈余公积转为实收资本（或股本）

C. 股份有限公司发放股票股利，可转换公司债券持有人行使转换权利，以权力结算的股份支付行权。

D. 企业将重组债务转为资本

4. 企业减少实收资本的原因主要有（　　）等。

A. 因企业资本过剩而减资　　B. 因企业发生重大亏损而减资

C. 因投资者要求而减资　　D. 因债权人要求而偿还债务

5. “资本公积”账户的核算内容有（　　）等。

A. 企业收到投资者出资额超出其在注册资本或股本中所占份额的部分

B. 以权益结算的股份支付

C. 采用权益法核算的长期股权投资

D. 企业计提的资本公积

6. “盈余公积”账户的核算内容有（　　）等。

A. 企业按规定提取盈余公积　　B. 企业用盈余公积弥补亏损

C. 企业用盈余公积转增资本　　D. 企业用盈余公积派送新股

7. 下列关于可转换公司债券转股时的会计处理正确的有（　　）。

A. 转销负债成分的账面价值

B. 将权益成分的账面价值转入投资收益

C. 按照转换的股票面值确认股本

D. 按照负债成分和权益成分总的账面价值与股本的差额记入“资本公积——股本溢价”

8. 企业弥补亏损的渠道主要有（　　）。

A. 用资本公积弥补　　B. 用以后年度税前利润弥补

C. 用以后年度税后利润弥补　　D. 用盈余公积弥补

9. 企业只有（　　）的借款费用，才允许资本化。

A. 发生在资产有效使用期间内　　B. 一般借款

C. 发生在资本化期间内　　D. 专门借款

10. 关于可转换公司债券，不考虑发行费用的情况下，下列说法中错误的有（　　）。

A. 发行可转换公司债券时，应按实际收到的款项记入“应付债券（可转换公司债

券）”科目

B. 发行可转换公司债券时，应按该项可转换公司债券包含的负债成分的公允价值，记入“应付债券（可转换公司债券）”科目

C. 发行可转换公司债券时，实际收到的金额与该项可转换公司债券包含的负债成分的公允价值的差额记入“其他权益工具”科目

D. 发行可转换公司债券时，应按实际收到的款项记入“资本公积”科目

三、判断

1. 无论是否按面值发行一般公司债券，企业均应该按照实际收到的金额记入“应付债券”科目的“面值”明细科目。（　　）

2. 长期借款，是指企业从银行或其他金融机构借入的期限在一年及一年以上的借款。（　　）

3. 未分配利润属于企业留存收益，是实收资本的组成部分。（　　）

4. 投资者向企业投入的资本，在一般情况下无须偿还，可以供企业长期使用。（　　）

5. 股份有限公司的特点是将企业全部资本划分为等额股份，股东对公司承担无限责任。（　　）

6. 库存股是指企业的股份总额。（　　）

7. 应付债券属于非流动负债。（　　）

8. 过度负债将使企业财务风险增加，有可能造成企业财务状况恶化。（　　）

9. 企业发生的借款费用，可以直接归属于符合资本化条件的资产构建或者生产的，应当予以资本化，计入相关资产成本；其他借款费用，应当在发生时根据发生额确认为费用，计入当期损益。（　　）

10. 无论是否按面值发行一般公司债券，均应该按照实际收到的金额记入“应付债券”科目的“面值”明细科目。（　　）

四、业务分析

1. 练习借款的核算

要求：根据资料（1）和（2）编制取得借款、计提利息费用、到期还本付息的会计分录；根据资料（3）计算借款费用资本化的期间和金额，编制取得借款、支付工程款、计提利息费用和支付利息、固定资产验收交付使用、到期还本并支付第3年利息等会计分录。

资料：

（1）A公司从银行借入期限为6个月，年利率为5.76%，到期一次还本付息的人民币一般借款5 000 000元存入银行；公司按月计提应付利息（该项借款利息计入财务费用）；

到期日已以银行存款偿还本金和支付利息。

① 取得借款。

② 按月计提利息费用。

③ 到期还本付息。

（2）B 公司从银行借入期限为 24 个月，年利率为 6.6%，到期一次还本付息的人民币一般借款 2 000 000 元存入银行；公司按月计提应付利息（该项长期借款没有用于符合资本化条件的资产构建或者生产活动）；到期日已以银行存款偿还本金和支付利息。

① 取得借款。

② 各月计提利息费用。

③ 到期还本付息。

2. 练习短期借款的核算。

资料：某企业 2 季度发生下列有关短期借款的经济业务：

（1）4 月 1 日短期借款账面余额 350 万元；4 月 10 日，从工商银行借入为期 5 个月的借款 40 万元，存入银行存款户。

（2）4 月 30 日，按年利率 3.6%计算提取本月应付利息。

（3）5 月 6 日，以银行存款偿还到期的短期借款 50 万元；5 月 20 日，又借入短期借款 30 万元，存入银行存款户。

（4）5 月 31 日，按年利率 3.6%计算提取本月应付利息。

（5）设 6 月份未发生短期借款业务。月末，接到银行短期借款利息通知单，共支付本季利息 33 600 元。

要求：根据上述资料计算每月应付利息，并编制相关会计分录。

3. 练习应付债券的核算

要求：根据资料编制发行债券、各年年末计提应付利息和处理利息费用、到期归还本息的会计分录。

资料：

（1）D 公司为建设新产品生产线，经批准发行期限为 3 年、面值为 2 000 000 元、年利率为 7.2%、到期一次还本付息的债券。该债券按面值发行，发行费用为 12 000 元，从发行款中扣除。新生产线从收到债券发行资金时开始建设，第 2 年年末未达到预定可使用状态，假定不考虑闲置资金收益。

① D 公司发行债券。

② 各年年末计提应付利息和处理利息费用

③ 到期归还本息。

（2）E 公司为建设新产品生产线，经批准发行期限为 5 年、面值为 2 500 000 元、票面利率为 4.72%、每年 1 月 1 日支付利息、本金最后一次支付的公司债券。该债券发行价格为 2 000 000 元、发行费用为 12 000 元，从发行款中扣除。新生产线收到债券发行资金开始建设，第 3 年年末达到预定可使用状态。经计算，该债券实际利率为 10%。

① E 公司发行债券。

② 各年年末计提应付利息和处理利息费用。

③ 到期归还本金。

（3）F 公司为建设新产品生产线，经批准发行期限为 5 年、面值为 2 500 000 元、票面年利率为 10%、每年 1 月 1 日支付利息、本金最后一次支付的公司债券。该债券发行价格为 2 700 000 元，发行费用为 15 000 元，从发行款中扣除。新生产线收到债券发行资金开始建设，第 3 年年末达到预定可使用状态。经计算，该债券实际利率为 8%。

① F 公司发行债券。

②各年年末计提应付利息和处理利息费用。

③到期归还本金。

4. 练习实收资本的核算

要求：根据青山公司有关资料编制会计分录。

资料：

（1）A、B、C、D、E 五家公司决定共同投资设立青山有限责任公司，按照公司章程规定，五家公司出资比例分别为 25%、22%、20%、18%和 15%。A、B、C 三公司以现金投资，D、E 两公司以现金以及固定资产、存货实物和专利权等无形资产投资。五家公司以现金投入的资本分别为 2 500 000 元、2 200 000 元、2 000 000 元、1 000 000 元和 900 000元，已收到银行收账通知。

（2）青山公司经相关股东共同商议，同意 D 公司以机器设备作价投资。经评估作价，投资合同约定机器设备的价值为 500 000 元，合同约定的固定资产价值与公允价值相符，设备投入使用前，青山公司以银行存款 10 000 元支付相关税费等费用。

（3）青山公司经相关股东共同商议，同意 D 公司以原材料和库存商品作价投资。经评估作价，投资合同约定原材料价值为 200 000 元，可出售商品价值为 100 000 元，合同约定的价值与公允价值相符。青山公司收到的原材料和库存商品已验收入库，增值税专用发票载明原材料价款为 170 900 元，增值税税额为 29 100 元，库存商品价款为 85 500 元，增值税税额为 14 500 元。

（4）青山公司经相关股东共同商议，同意 E 公司以专利权作价投资。经评估作价，该项专利权投资合同约定的价值为 600 000 元，已经办妥有关交接手续。

5. 练习资本公积的核算

要求：根据资料编制会计分录。

资料：

（1）甲股份有限公司经批准发行普通股 20 000 万股，每股面值为 1 元，每股发行价格为 1、30 元。股票发行成功，证券交易所扣除发行手续费 200 000 元以后，发行收入 259 800 000 元已通过银行收到。

（2）青山有限责任公司由 A、B、C、D、E 五家公司共同投资设立，经全体股东协商一致，同意 F 公司以现金 2 500 000 元出资作为新股东加入，其他五家公司不增加投资，只变更出资比例。变更后六家公司出资比例分别为 20%、17.6%、16%、14.4%、12%和 20%，F 公司投资款已存入银行，经公司登记机关批准，注册资本已由 10 000 000 元变更为 12 500 000 元。

（3）青山有限责任公司经股东大会决议，同意用资本公积 3 500 000 元转增资本，按六家公司出资比例（分别为 20%、17.6%、16%、14.4%、12%和 20%）计算转增数据，经公司登记机关批准，注册资本已由 12 500 000 元变更为 16 000 000 元。

（4）K 股份有限公司经批准以收购本公司股份的方式减少注册资本，按股票面值计算的金额为 20 000 000 元，银行存款实际支付的金额为 21 000 000 元；公司“资本公积——股本溢价”账户的贷方余额为 200 000 元，“盈余公积”账户贷方余额为 300 000 元。库存股已经批准注销。

①支付收购款。

②注销库存股。

（5）S 股份有限公司经批准为奖励本公司职工而收购本公司股份，按股票面值计算的金额为 4 000 000 元，银行存款实际支付的金额为 1 200 000 元；以股份奖励职工时，确定的奖励金额为 800 000 元，职工交款 400 000 元已存入银行。库存股已批准注销。

①支付收购款。

②奖励职工，注销库存股。

6. 练习盈余公积的核算

要求：根据资料编制会计分录。

资料：

（1）A 股份有限公司本年实现净利润为 60 000 000 元，法定盈余公积计提比例为 10%，任意盈余公积计提比例为 5%。

（2）B 公司经股东大会决议，用以前年度提取的法定盈余公积 6 000 000 元弥补本年度亏损。假定不考虑其他因素。

（3）A 公司注册资本为 500 000 000 元，经股东大会决议，同意用盈余公积 20 000 000 元（其中法定盈余公积 10 000 000 元）转增资本，经公司登记机关批准，注册资本已由 500 000 000 元变更为 520 000 000 元。

（4）B 公司股东大会决议用盈余公积（其中法定盈余公积 50%）派送新股，按股票面值和派送新股总数计算的股票面值总额为 10 000 000 元。经公司登记机关批准，注册资本已经变更。

项目十一　收入、费用和利润核算业务

一、单项选择

1. 下列项目中，属于在某一时点确认收入的是（　　）。

A. 酒店管理服务

B. 为客户建造办公大楼

C. 企业履约过程中所产出的商品具有不可替代用途，且该企业在整个合同期间内有权就累计至今完成的履约部分收取款项

D. 为客户定制的具有可替代用途的产品

2. 某企业 2019 年 9 月份发生一次火灾，共计损失 100 万元，其中：流动资产损失 55 万；固定资产损失 45 万元。经查明事故原因是由于雷击所造成的。企业收到保险公司赔款 50 万元。其中，流动资产赔款 28 万元，固定资产赔款 22 万元。企业由于这次火灾损失而应计入营业外支出的金额为（　　）万元。

A. 100　　B. 50

C. 27　　D. 23

3. J 公司 2019 年 9 月 1 日与客户签订了一项工程劳务合同，合同期一年，合同总收入 200 000 元，预计合同总成本 170 000 元，至 2019 年 12 月 31 日，实际发生成本 136 000 元（调整后的金额）。J 公司采用投入法确定履约进度。据此计算，J 公司 2019 年度应确认的劳务收入为（　　）元。

A. 200 000　　B. 170 000

C. 160 000　　D. 136 000

4. 采用支付手续费方式的委托代销，委托方确认收入的时点是（　　）。

A. 委托方收到代销清单时　　B. 受托方销售商品时

C. 委托方交付商品时　　D. 委托方收到货款时

5. 甲公司和乙公司均为增值税一般纳税人，适用的增值税税率为 13%。2019 年 9 月 1 日，甲公司委托乙公司销售 600 件商品，每件商品的成本为 40 元，协议价为每件 68 元。代销协议约定，乙公司在取得代销商品后，无论是否卖出、获利，均与甲公司无关。商品已发出，并且货款已经收付，则甲公司在 2019 年 9 月 1 日应确认收入（　　）元。

A. 0　　B. 40 800

C. 24 000　　D. 20 800

6. 2019 年 12 月 1 日，甲公司向乙公司销售商品 5 000 件，每件售价为 20 元（不含增值税），甲、乙公司均为增值税一般纳税人，销售商品适用的增值税率均为 13%。甲公司向乙公司销售商品给予 10%的商业折扣，提供的现金折扣为 2/10、1/20、n/30，并代垫运杂费 1 000 元。乙公司于 2019 年 12 月 15 日付款。不考虑其他因素，甲公司在该项交易中应确认的收入是（　　）。

A. 90 000 元　　B. 99 000 元

C. 100 000　　D. 101 000

7. 下列各项中，应作为管理费用处理的是（　　）。

A. 自然灾害造成的流动资产净损失　　B. 退休人员的工资

C. 固定资产盘亏净损失　　D. 专设销售机构人员的工资

8. 企业销售商品发生的销售折让应（　　）。

A. 增加销售费用　　B. 冲减主营业务成本

C. 冲减主营业务收入　　D. 增加营业外支出

9. 甲公司为增值税一般纳税人，适用的增值税税率为 13%，公司主要从事 A 产品的销售。该产品每件售价 800 元（不含税），同时规定：若客户购买 200 件（含 200 件）以上，每件可获得 5%的商业折扣。乙公司于 2019 年 9 月 10 日购买 A 产品 400 件。为早日回收款项，该销售附现金折扣条件 2/10，1/20，n/30。甲公司于 9 月 21 日收到该款项，则实际收到（　　）元（计算现金折扣时不考虑增值税）。

A. 200 070　　B. 3 040

C. 340 480　　D. 355 680

10. 下列各项交易或事项中，会影响发生当期营业利润的有（　　）。

A. 以公允价值模式进行后续计量的投资性房地产持有期间公允价值发生变动

B. 出售无形资产取得净收益

C. 开发无形资产时发生符合资本化条件的支出

D. 自营建造固定资产期间处置工程物资取得净收益

11. 甲公司为增值税一般纳税人。2019 年 12 月 1 日，与一公司签订了一项为期 6 个月的咨询合同，合同不含税总价款为 60 000 元，当日收到总价款的 50%。增值税税额为 1 800元。截至年末家公司累计发生服务成本 6 000 元，估计，还将发生服务成本 34 000 元，履约进度按照已发生的成本占估计总成本的比例确定。2019 年 12 月 31 日甲公司应确认该项服务的收入为（　　）。

A. 9 000　　B. 30 000

C. 6 000　　D. 40 000

12. 企业与客户签订合同，向其销售 A、B、C 三件产品，不含增值税的合同总价款为 90 万元。A、B、C 产品的不含增值税单独售价分别为 30 万元、50 万元和 20 万元，合计 100 万元。B 产品应分摊的交易价格为（　　）。

A. 27　　B. 50

C. 45　　D. 18

二、多项选择

1. 有关收入的确认，下列表述中正确的有（　　）。

A. 企业应当在履行了合同中的履约义务，即在客户取得相关商品控制权时确认收入

B. 没有商业实质的非货币性资产交换不确认收入

C. 企业应当考虑商品的性质，采用产出法或完工比例法确定恰当的履约进度。

D. 收入是日常活动中形成的

2. 下列各项关于现金折扣、商业折扣、销售折让的会计处理的表述中，不正确的有（　　）。

A. 现金折扣在实际发生时计入财务费用

B. 现金折扣在确认销售收入时计入财务费用

C. 已确认收入的售出商品发生销售折让的，通常应当在发生时冲减当期销售商品收入

D. 商业折扣在确认销售收入时计入销售费用

3. 下列费用中，应当作为管理费用核算的有（　　）。

A. 筹建期间的开办费　　B. 扩大商品销售相关的业务招待费

C. 行政管理部门的固定资产折旧　　D. 工会经费

4. 下列税金中应计入管理费用的是（　　）。

A. 耕地占用税　　B. 土地使用税

C. 车船使用税　　D. 印花税

5. 下列各项中应计入销售费用的有（　　）。

A. 销售商品发生的销售折让

B. 销售商品过程中发生的保险费

C. 广告费

D. 销售机构的职工薪酬

6. 下列项目中，不应当作为营业外收入核算的有（　　）。

A. 出售剩余材料的收益　　B. 出售无形资产净收益

C. 出租无形资产净收益　　D. 处置固定资产的收益

7. 下列各项中，应计入销售费用的有（　　）。

A. 销售商品发生的销售折让

B. 采用一次摊销法结转首次出借新包装物成本

C. 结转出租包装物报废的残料价值

D. 结转随同商品出售不单独计价的包装物成本

8. 下列项目中，会影响企业营业利润的有（　　）。

A. 按规定程序批准后结转的固定资产盘盈

B. 有确凿证据表明存在某金融机构的款项无法收回

C. 为管理人员缴纳的医疗保险

D. 无法查明原因的现金短缺

9. 下列各项中，影响当期利润总额的有（　　）。

A. 原材料销售收入　　B. 确认所得税费用

C. 对外捐赠固定资产　　D. 处置固定资产的收益

10. 下列各项中，不应作为合同履约成本确认为合同资产的有（　　）。

A. 为取得合同发生但预期能够收回的增量成本

B. 为组织和管理企业产生经营发生的但非由客户承担的管理费用

C. 无法在尚未履行的已履行（或已部分履行）的履约义务之间区分的支出

D. 为履行合同发生的非正常消耗的直接材料、直接人工和制造费用

11. 下列各项中不应作为合同履约成本确认为合同资产的有（　　）。

A. 销售佣金

B. 投标费

C. 为履行合同耗用的原材料

D. 非正常消耗的直接材料、直接人工和制造费用。

三、判断

1. 企业应当在履行了合同中的履约义务，即在客户取得相关商品控制权时确认收入。（　　）

2. 如果客户在企业履约的同时即取得并消耗企业履约所带来的经济利益，相关收入应当在履约义务履行的期间确认。（　　）

3. 企业通常按照累计实际发生的成本占预计总成本的比例确定履约进度，不需要进行调整。（　　）

4. 企业已商品实物转移给客户，即客户已实物占有该商品，即可确认收入。（　　）

5. 代销商品中，受托方将商品销售后，按实际售价确认为销售收入，并向委托方开具代销清单。（　　）

6. 在支付手续费方式委托代销的方式下，委托方确认收入的时点是委托方收到货款时。（　　）

7. 企业发生的商业折扣应该计入财务费用，企业发生的现金折扣应冲减主营业务收入。（　　）

8. 我国一般采用“表结法”计算本月利润总额和本年累计利润。（　　）

9. 企业以前年度亏损未弥补完，可以提取法定盈余公积，但不可以提取任意盈余公积。（　　）

10. 企业可以用以后年度税后净利润弥补亏损，也可以用盈余公积弥补亏损。（　　）

四、业务分析

1. 正保股份有限公司（以下简称正保公司）为增值税一般纳税企业，适用的增值税税率为13%。商品销售价格均不含增值税额，所有劳务均属于工业性劳务。销售实现时结转销售成本。正保公司销售商品和提供劳务为主营业务。2019 年 12 月，正保公司销售商品和提供劳务的资料如下：

（1）12 月 1 日，对 A 公司销售商品一批，增值税专用发票上销售价格为 100 万元，增值税额为 13 万元。提货单和增值税专用发票已交 A 公司，A 公司已承诺付款。为及时收回货款，给予 A 公司的现金折扣条件如下：2/10，1/20，n/30（假设计算现金折扣时不考虑增值税因素）。该批商品的实际成本为 85 万元。12 月 19 日，收到 A 公司支付的扣除所享受现金折扣金额后的款项，并存入银行。

（2）12 月 2 日，收到 B 公司来函，要求对当年 11 月 2 日所购商品在价格上给予 5%的折让（正保公司在该批商品售出时，已确认销售收入 200 万元，并收到款项）。经查核，该批商品外观存在质量问题。正保公司同意了 B 公司提出的折让要求。当日，收到 B 公司交来的税务机关开具的索取折让证明单，并出具红字增值税专用发票和支付折让款项。

（3）12 月 14 日，与 D 公司签订合同，以现销方式向 D 公司销售商品一批。该批商品的销售价格为 120 万元，实际成本 75 万元，提货单已交 D 公司。款项已于当日收到，存入银行。

（4）12 月 25 日，与 F 公司签订协议，委托其代销商品一批。根据代销协议，正保公司按代销协议价收取所代销商品的货款，商品实际售价由受托方自定。该批商品的协议价 200 万元（不含增值税额），实际成本为 180 万元。商品已运往 F 公司。12 月 31 日，正保公司收到 F 公司开来的代销清单，列明已售出该批商品的 20%，款项尚未收到。

（5）12 月 31 日，与 G 公司签订一件特制商品的合同。该合同规定，商品总价款为 80 万元（不含增值税额），自合同签订日起 2 个月内交货。合同签订日，收到 C 公司预付的款项 40 万元，并存入银行。商品制造工作尚未开始。

（6）12 月 31 日，收到 A 公司退回的当月 1 日所购全部商品。经查核，该批商品存在质量问题，正保公司同意了A公司的退货要求。当日，收到A公司交来的税务机关开具的进货退出证明单，并开具负数增值税专用发票和支付退货款项。

要求：

（1）编制正保公司12月份发生的上述经济业务的会计分录。

（2）计算正保公司12月份主营业务收入和主营业务成本（“应交税费”科目要求写出明细科目，答案中的金额单位用万元表示）。

2. 甲股份有限公司（以下简称甲公司）为增值税一般纳税人，适用的增值税税率为13%，销售单价均为不含增值税价格。

甲公司2019年12月发生如下业务：

（1）12月3日，向乙企业赊销A产品100件，单价为40 000元，单位销售成本为20 000元。

（2）12月15日，向丙企业销售材料一批，价款为700 000元，该材料发出成本为500 000元。上月已经预收账款600 000元。当日丙企业支付剩余货款。

（3）12月18日，丁企业要求退回本年11月25日购买的40件B产品。该产品销售单价为40 000元，单位销售成本为20 000元，其销售收入1 600 000元已确认入账，价款已于销售当日收取。经查明退货原因系发货错误，同意丁企业退货，并办理退货手续和开具红字增值税专用发票，并于当日退回了相关货款。

（4）12月20日，收到外单位租用本公司办公用房下一年度租金300 000元，款项已收存银行。

（5）12月31日，计算本月应交纳的城市维护建设税28 210元，其中销售产品应交纳21 840元，销售材料应交纳6 370元；教育费附加12 090元，其中销售产品应交纳9 360元，销售材料应交纳2 730元。

要求：

①根据上述（1）~（5）业务编制相关的会计分录。

②计算甲公司2019年12月份发生的费用金额。

（答案中的金额以元为单位；“应交税费”科目须写出二级和三级明细科目，其他科目可不写出明细科目）。

3. 甲公司为增值税一般纳税人，适用的增值税税率为13%，商品、原材料售价中不含增值税。甲公司销售商品和提供劳务属于主营业务。假定销售商品、原材料和提供劳务均符合收入确认条件，其成本在确认收入时逐笔结转，不考虑其他因素。2019年12月，甲公司发生如下交易或事项：

（1）销售商品一批，按商品标价计算的金额为200万元，由于是成批销售，甲公司给予客户10%的商业折扣并开具了增值税专用发票，款项尚未收回。该批商品实际成本为150万元。

（2）向本公司行政管理人员发放自产产品作为福利，该批产品的实际成本为 8 万元，市场售价为 10 万元。

（3）向乙公司转让一项软件的使用权，一次性收取使用费 20 万元并存入银行，且不再提供后续服务。

（4）销售一批原材料，增值税专用发票注明售价 80 万元，款项收到并存入银行。该批材料的实际成本为 59 万元。

（5）将以前会计期间确认的与资产相关的政府补助在本月分配计入当月收益 300 万元。

（6）确认本月设备安装劳务收入。该设备安装劳务合同总收入为 100 万元，预计合同总成本为 70 万元，合同价款在前期签订合同时已收取。采用完工百分比法确认劳务收入。截止到本月末，该劳务的累计完工进度为 60%，前期已累计确认劳务收入 50 万元、劳务成本 35 万元。（假定劳务成本均为员工薪酬）

（7）以银行存款支付管理费用 20 万元，财务费用 10 万元，营业外支出 5 万元。

要求：

①逐笔编制甲公司上述交易或事项的会计分录（“应交税费”科目要写出明细科目及专栏名称）。

②计算甲公司 12 月的营业收入、营业成本、营业利润、利润总额。

（答案中的金额单位用万元表示）

项目十二　非货币性资产交换核算业务

一、单项选择

1. 下列资产中不属于货币性资产的是（　　）。

A. 应收票据　　B. 应收账款

C. 预付账款　　D. 准备持有至到期的债券投资

2. 企业以专利权换入设备一台，专利权账面价值 100 000 元，公允价值 400 000 元，假设不考虑税费，在交换过程中，同时收到补价 90 000 元，假定不考虑税金对补价的影响，下列说法正确的有（　　）。

A. 该交易适用于非货币性交易准则　　B. 应确认收益 310 000 元

C. 设备的入账价值为 300 000 元　　D. 设备的入账价值为 330 000 元

3. 企业之间发生非货币性交易，对换入可抵扣税金的存货如果不涉及补价的，如果不具有商业实质，且公允价值不能可靠计量，则正确的入账价值是（　　）。

A. 换出资产的账面价值加上支付的相关税费

B. 换出资产的公允价值加上支付的相关税费

C. 换入资产的公允价值加上支付的相关税费

D. 换出资产的账面价值减去可抵扣的税金加上应支付的相关税费

4. 非货币性交易与货币性交易的划分标志是（　　）。

A. 补价率大于 25%　　B. 补价率小于 25%

C. 补价率等于 25%　　D. 补价率小于或等于 25%

5. 对非货币性资产交换的换出资产公允价值与其账面价值的差额，说法错误的有（　　）。

A. 换出资产为存货的，应当作为销售处理，以其公允价值确认收入，同时结转相应的成本。

B. 换出资产为固定资产、无形资产的，换出资产公允价值与其账面价值的差额，计入当期费用

C. 换出资产为长期股权投资的，换出资产公允价值与其账面价值的差额，计入投资损益

D. 换出资产为固定资产、无形资产的，换出资产公允价值与其账面价值的差额，计入营业外支出

6. 甲企业以一栋办公楼换入一台生产设备和一辆汽车 。换出办公楼的账面原值为 600 万元，以计提折旧 360 万元，未计提减值准备，公允价值为 300 万元；换入生产设备和汽车的账面价值分别为 180 万元和 120 万元，公允价值分别为 200 万元和 100 万元。该交换具有商业实质，假定不考虑相关税费。该公司换入汽车的入账价值为（　　）万元。

A. 60　　B. 100

C. 80　　D. 112

7. S 企业以其持有的一项长期股权投资换取 H 企业的一项无形资产，该项交易中不涉及补价。S 企业长期股权投资的账面价值为 160 万元。公允价值为 190 万元。H 企业无形资产的账面价值为 140 万元，公允价值为 190 万元。S 企业在换入中发生了 10 万元的相关税费。S 企业换入无形资产的账面价值为（　　）万元。

A. 190　　B. 200

C. 160　　D. 170

8. 在确定涉及补价的交易是否为非货币性资产交换时，支付补价的企业，应当按照支付的补价占（　　）的比例低于 25%确定。

A. 换出资产的公允价值

B. 换出资产公允价值加上支付的补价

C. 换入资产公允价值加补价

D. 换出资产公允价值减补价

9. 甲企业用一辆汽车换入两种原材料 A 和 B，汽车的账面价值为 150 000 元，公允价值为 160 000 元，材料 A 的公允价值为 40 000 元，材料 B 的公允价值为 70 000 元，汽车和原材料增值税税率为 13%，计税价格等于公允价值，甲企业收到补价 56 500 元。则原材料的入账价值总额为（　　）元。

A. 91 300　　B. 110 000

C. 127 600　　D. 131 300

10. 甲公司以公允价值为 250 万元的固定资产换入乙公司账面价值为 230 万元的长期股权投资，另从乙公司收取现金 30 万元。甲公司换出固定资产的账面原价为 300 万元，已计提折旧 20 万元，已计提减值准备 10 万元。假定不考虑相关税费，该交易不具有商业实质。则甲公司换入长期股权投资的成本为（　　）万元。

A. 220　　B. 240

C. 250　　D. 245

二、多项选择

1. 下列交易中，不属于非货币性交易的是（　　）。

A. 用原材料抵偿债务 80 万元

B. 用银行存款 80 万元购入生产用设备

C. 用 500 万元价值的厂房进行投资，占被投资企业有表决权资本的 25%

D. 用应收账款 26 万元和价值 74 万元的汽车换入价值 100 万元的原材料

2. 下列补价率的计算公式，正确的有（　　）。

A. 补价率 = 收到补价 ÷ 换出资产的公允价值

B. 补价率 = 支付补价 ÷ 换入资产的公允价值

C. 补价率 = 支付补价 ÷（补价 + 换出资产的公允价值）

D. 补价率 = 收到补价 ÷（补价 + 换入资产的公允价值）

3. 非货币性资产在将来为企业带来的经济利益是（　　）。

A. 是固定的　　B. 是不固定的

C. 是可以确定的　　D. 是不可以确定的

4. 下列项目中，属于非货币性资产的有（　　）。

A. 银行存款　　B. 股权投资

C. 其他权益工具投资　　D. 应收账款

5. 在收到补价的具有商业实质并且公允价值能够可靠计量的非货币性资产交换业务中，如果换入单项固定资产，影响固定资产入账价值的因素有（　　）。

A. 收到的补价　　B. 换入资产的公允价值

C. 换出资产的公允价值　　D. 换出资产应交的税费

6. 非货币性资产交换具有商业实质是指（　　）。

A. 未来现金流量的风险、金额相同，时间不同

B. 未来现金流量的时间、金额相同，风险不同

C. 未来现金流量的风险、时间相同，金额不同

D. 换入资产与换出资产的预计未来现金流量现值不同，且其差额与换入资产和换出资产的公允价值相比是重大的

7. 下列各项交易中，属于非货币性资产交换的有（　　）。

A. 以固定资产换入股权　　B. 以银行汇票购买原材料

C. 以银行本票购买固定资产　　D. 以无形资产换入原材料

8. 企业进行具有商业实质且公允价值能够可靠计量的非货币性资产交换，同一事项同时影响双方换入资产入账价值的因素有（　　）。

A. 企业支付的补价或收到的补价

B. 企业为换出存货而交纳的增值税

C. 企业换出资产的账面价值

D. 企业换出资产计提的资产减值准备

9. 在交换不具有商业实质情况下，下列项目中，会影响支付补价企业计算换入资产入账价值的有（　　）。

A. 支付的补价　　B. 换出资产的账面余额

C. 换出资产已计提的减值准备　　D. 支付的有关税费

10. 甲、乙企业进行非货币性资产交换，下列各项影响甲企业换入资产入账价值的有（　　）。

A. 甲企业换出存货的公允价值

B. 乙企业为换出固定资产支付的清理费用

C. 甲企业支付的补价

D. 乙企业计提的固定资产减值准备

三、判断

1. 非货币性资产交易的核算中，无论是支付补价的一方还是收到补价的一方，都要解决换入资产的入账价值和换出资产的收益或损失确认问题。（　　）

2. 非货币性交易涉及补价的，当补价率大于25%时应按货币性交易进行会计处理。（　　）

3. 应收账款可能发生坏账，将来收取的货币是不确定的，因此，应收账款属于非货币性资产。（　　）

4. 在非货币性资产交换中，对换入的资产，其入账价值应以换出资产的账面价值为基础。（　　）

5. 企业发生的非货币性交易，涉及多项资产时，若不具有商业实质，需要按换出各项资产的公允价值占换出资产公允价值总额的比例，计算确定各项换入资产的入账价值。（　　）

6. 货币性资产交换，是指交易双方主要以存货、固定资产、无形资产和长期股权投资等非货币性资产进行的交换。（　　）

7. 在确定非货币性资产交换是否具有商业实质时，企业不必关注交易各方之间是否存在关联方关系。（　　）

8. 企业在按照公允价值和应支付的相关税费作为换入资产成本的情况下，支付补价的，换入资产成本与换出资产账面价值加支付的补价、应支付的相关税费之和的差额，应当计入当期损益。（　　）

9. 企业在按照换出资产的账面价值和应支付的相关税费作为换入资产成本的情况下，

支付补价的，应当以换出资产的账面价值，加上支付的补价和应支付的相关税费，作为换入资产的成本，确认损益。（　）

10. 非货币性资产交换具有商业实质，且换入资产的公允价值能够可靠计量的，应当按照换入各项资产的公允价值占换入资产公允价值总额的比例，对换入资产的成本总额进行分配，确定各项换入资产的成本。（　）

四、业务分析

1. A 公司以其使用的机床一台和库存商品换入 B 公司的一辆汽车和若干股票（B 公司作为交易性金融资产，A 公司换入作为长期股权投资）。已知 A 公司机床账面原价 125 000 元，累计折旧 35 000 元，公允价值为 110 000 元，库存商品的账面成本 50 000 元，已提跌价准备 10 000 元，公允价值（含税）30 000 元，增值税率 13%，B 公司汽车的账面原价为 200 000 元，累计折旧为 100 000 元，公允价值为 95 000 元，股票的账面价值为 18 000 元，公允价值为 25 000 元，B 公司另外支付补价 20 000 元给 A 公司。假设在交换过程只考虑库存商品的增值税，其余的相关税费不考虑，交换具有商业实质。

要求：分别编制 A、B 公司有关非货币性资产交换的会计分录。

2. 甲公司为增值税一般纳税人，经协商用一项长期股权投资交换乙公司的库存商品。该项长期股权投资的账面余额 2 300 万元，计提长期股权投资减值准备 300 万元，公允价值为 2 100 万元；库存商品的账面余额为 1 550 万元，已提存货跌价准备 50 万元，公允价值和计税价格（含税）均为 2 000 万元，增值税率 13%。乙公司向甲公司支付补价 100 万元。假设在交换过程只考虑库存商品的增值税，其余的相关税费不考虑，该项交易具有商业实质。

要求：分别计算甲、乙公司换入资产的入账价值并进行账务处理。（以万元为单位）

3. 甲公司以其生产经营用的设备与乙公司作为固定资产的货运汽车交换。资料如下：

（1）甲公司换出：固定资产——设备：原价为 1 800 万元，已提折旧为 300 万元，公允价值为 1 650 万元，以银行存款支付了设备清理费用 15 万元。

（2）乙公司换出：固定资产——货运汽车：原价为 2 100 万元，已提折旧为 550 万元，公允价值为 1 680 万元。乙公司收到甲公司支付的补价 30 万元。

假设甲公司换入的货运汽车作为固定资产管理，该项交易不具有商业实质。甲公司未对换出设备计提减值准备。假设在交换过程中不考虑增值税及相关税费。

要求：分别编制甲公司、乙公司的账务处理。

4. 甲公司决定和乙公司进行非货币资产交换，甲、乙公司的增值税率为 13%，乙公司向甲公司支付银行存款 87 万元。

（1）甲公司换出：

固定资产——厂房：原价 300 万元，累计折旧 60 万元，公允价值 200 万元。

固定资产——机床：原价240万元，累计折旧120万元，公允价值100万元。

原材料：账面价值600万元，计税价格700万元，公允价值700万元。

（2）乙公司换出：

固定资产——办公楼：原价300万元，累计折旧100万元。

固定资产——轿车：原价400万元，累计折旧180万元。

固定资产——客车：原价600万元，累计折旧160万元。

假设以上资产均未计提减值准备，该交换不具备商业实质，假设在交换过程中只考虑原材料的增值税，其余的相关税费不考虑。要求：编制甲公司、乙公司的会计分录。

5. W公司与N公司的下列资产相交换：

W公司换出资产为：

（1）汽车一辆，账面原价300 000元，累计折旧50 000元，公允价值240 000元。

（2）钢材15吨，账面价值48 000元，计税价格60 000元。增值税税率13%，公允价值等于计税价格。

N公司换出的资产为：

（1）电子计算机一台，账面原价200 000元，累计折旧40 000元，已提减值得准备10 000元，公允价值为120 000元。

（2）车床五台，账面原价400 000元，累计折旧80 000元，已提减值准备40 000元，公允价值280 000元，双方协议由W公司支付补价款9.22万元给N公司。假设在交换过程中只考虑钢材的增值税，其余的相关税费不考虑。

要求：根据以上经济业务或事项编制交易双方的会计分录。

项目十三　债务重组核算业务

一、单项选择

1. 在债务人发生财务困难的前提下，下列选项中不属于债务重组的是（　　）。

A. 债务人以公允价值 100 万元的厂房偿还账面余额为 100 万元的债务

B. 债务人以公允价值 50 万元的交易性金融资产偿还账面余额为 100 万元的债务

C. 债权人减免部分债务，并将剩余债务的还款期推迟两年

D. 债权人要求债务人用其一项公允价值为 105 万元的无形资产（符合免征增值税的条件）偿还账面余额为 130 万元的债务

2. 湖南沙沙门业有限公司和湖南长江有限责任公司均为增值税一般纳税人，销售商品适用的增值税税率均为 13%。因湖南沙沙门业有限公司发生财务困难，湖南沙沙门业有限公司就其所欠湖南长江有限责任公司的 500 万元的货款（含增值税）与湖南长江有限责任公司进行债务重组。根据债务重组协议，湖南沙沙门业有限公司以银行存款 400 万元清偿。在进行债务重组之前，湖南长江有限责任公司已经就该项债权计提了 80 万元的坏账准备。不考虑其他因素，湖南沙沙门业有限公司在债务重组日应确认债务重组利得（　　）万元。

A. 100　　B. 80

C. 20　　D. 0

3. 关于以资产清偿债务，下列说法中错误的是（　　）。

A. 债务人以现金清偿债务的，债权人应将重组债务的账面余额与实际收到现金之间的差额，确认为债务重组损失；如果债权人已对该项债权计提减值准备，应先将该差额冲减减值准备后，冲减后尚有余额的，计入营业外支出，冲减后减值准备仍有余额的，应予转回并抵减当期信用减值损失

B. 债权人收到的抵债资产，应按照资产的公允价值入账

C. 债权人收到抵债资产时，发生的与该资产相关的直接费用按照取得相关资产的原则处理

D. 债务人用固定资产抵债时，债权人应将债务人发生的固定资产清理费用计入抵债资产的入账价值

4. A 公司和 B 公司均为增值税一般纳税人，销售商品适用的增值税税率为 13%。A 公司销售给 B 公司一批库存商品，形成应收账款 1 200 万元，款项尚未收到。到期时 B 公司无法按合同规定偿还债务，经双方协商，A 公司同意 B 公司用存货抵偿该项债务，该批存货公允价值 1 000 万元（不含增值税），增值税税额 130 万元，成本 600 万元（未计提存货跌价准备），假设重组日 A 公司该应收账款已计提了 200 万元的坏账准备。不考虑其他因素的影响，则该项债务重组对 B 公司的利润总额的影响为（　　）万元。

A. 400　　B. 600

C. 200　　D. 470

5. 湖南沙沙门业有限公司为增值税一般纳税人，销售商品适用的增值税税率为 13%。因湖南沙沙门业有限公司发生财务困难，湖南沙沙门业有限公司与湖南长江有限责任公司就其所欠湖南长江有限责任公司的 800 万元货款进行了债务重组，债务重组之前，湖南长江有限责任公司已针对该项债权计提了 60 万元的坏账准备。根据债务重组协议，湖南沙沙门业有限公司以其生产的产品抵偿债务，湖南沙沙门业有限公司交付产品后双方的债权债务结清。湖南沙沙门业有限公司已将用于抵债的产品发出，并开具增值税专用发票。湖南沙沙门业有限公司用于抵债的产品的账面余额为 600 万元，已计提的存货跌价准备为 30 万元，公允价值（计税价格）为 620 万元。假定不考虑其他因素的影响，湖南沙沙门业有限公司确认债务重组利得（　　）万元。

A. 0　　B. 14.6

C. 99.4　　D. 180

6. M 公司销售给 N 公司一批商品，价款 200 万元，增值税税额 26 万元，款项尚未收到，因 N 公司资金困难，已无力偿还 M 公司的全部货款，经协商，N 公司分别用一栋自用厂房和一项交易性金融资产予以抵偿。已知，该厂房的账面余额 50 万元，已提累计折旧 8 万元，已计提资产减值 2 万元，公允价值（计税基础）30 万元，销售不动产适用的增值税税率为 9%；交易性金融资产的账面价值为 85 万元，其中成本为 80 万元，公允价值变动收益的金额为 5 万元，公允价值为 90 万元。假定不考虑其他因素的影响，N 公司因该业务对当期营业外收入的影响为（　　）万元。

A. 103.3　　B. 5

C. 104　　D. 84

7. 长江公司欠黄河公司货款 1 000 万元，因长江公司发生财务困难，经协商，黄河公司同意长江公司以其所持有的一项原采用权益法核算的长期股权投资进行偿债。长江公司该项投资的账面价值为 900 万元，其中成本为 800 万元，损益调整 60，其他权益变动为 40 万元。债务重组日该项投资的公允价值为 945 万元。黄河公司将取得的投资仍作为长期股权投资核算。假定不考虑相关税费的影响，则长江公司因债务重组使利润总额增加（　　）万元。

A. 140　　B. 100

C. 55　　D. 45

8. 湖南长江有限责任公司为增值税一般纳税人，销售材料及商品适用的增值税税率为13%。2019年1月1日，湖南沙沙门业有限公司销售一批材料给湖南长江有限责任公司，含税价为113 000元；2019年7月1日，湖南长江有限责任公司发生财务困难，无法按合同规定偿还债务，经双方协议，湖南沙沙门业有限公司同意湖南长江有限责任公司用产品抵偿该应收账款。该产品市价为90 000元，成本为70 000元，湖南长江有限责任公司已为转让的产品计提了存货跌价准备1 000元。湖南沙沙门业有限公司为债权计提了坏账准备2 000元。假定不考虑其他税费。湖南沙沙门业有限公司接受的存货的入账价值为（　　）元。

A. 90 000　　B. 70 000

C. 115 000　　D. 89 000

9. 2019年1月1日，湖南沙沙门业有限公司应收湖南长江有限责任公司的货款1 000万元到期，湖南长江有限责任公司由于财务困难无法偿还该部分债务，经甲乙双方协商，决定进行债务重组，协议约定：湖南沙沙门业有限公司豁免200万元债务，剩余部分延长1年后支付，并加收年利率为3%的利息，相当于同期银行贷款利率。同时规定如果湖南长江有限责任公司2017年实现净利润超过300万元，应归还豁免债务中的60万元。债务重组日，估计湖南长江有限责任公司很可能实现净利润330万元。则债务重组日湖南长江有限责任公司应确认预计负债的金额是（　　）万元。

A. 200　　B. 140

C. 60　　D. 0

10. 2019年3月1日，M公司销售一批产品给N公司，开出的增值税专用发票上注明的销售价款为200万元，增值税税额为26万元，款项尚未收到。因N公司发生财务困难，无法偿付到期债务，2019年6月30日，M公司与N公司协商进行债务重组。重组协议如下：M公司同意豁免N公司债务84万元，其余债务于2019年10月1日偿还，债务延长期间，每月收取2%的利息（若N公司从7月份起每月获利超过20万元，每月加收1%的利息）。假定债务重组日重组后债务的公允价值为150万元，假定M公司为该项应收账款计提了坏账准备45万元，整个债务重组交易没有发生相关税费。若N公司预计从7月份开始每月获利均很可能超过20万元，在债务重组日，N公司应当确认的债务重组利得为（　　）万元。

A. 0　　B. 70.5

C. 71.5　　D. 84

二、多项选择

1. 下列各项中属于债务重组方式的有（　　）。

   A. 以资产清偿债务

   B. 债务人根据转换协议，将应付可转换公司债券转为资本的，属于债务重组

   C. 债务转增资本

   D. 以资产清偿债务、债务转增资本和修改其他债务条件三种方式的组合

2. 下列关于以非现金资产清偿债务的说法中错误的有（　　）。

   A. 债务人以非现金资产清偿债务的，债务人应当将重组债务的账面价值与转让的非现金资产公允价值之间的差额，确认为资本公积，计入所有者权益

   B. 债务人以非现金资产清偿债务的，债务人应当将重组债务的账面价值与转让的非现金资产公允价值之间的差额，确认为营业外支出，计入当期损益

   C. 债务人以非现金资产清偿债务的，债务人应当将重组债务的账面价值与转让的非现金资产公允价值之间的差额，计入当期损益

   D. 债务人转让的非现金资产公允价值与其账面价值之间的差额，计入当期损益

3. 关于债务重组中以非现金资产方式清偿债务的会计处理中不正确的有（　　）。

   A. 以非现金资产清偿债务的，债务人在进行会计处理时，视同处置非现金资产

   B. 以固定资产清偿债务的，债务人应将固定资产公允价值与账面价值之间的差额，计入债务重组利得

   C. 以存货清偿债务的，债务人应将存货公允价值与账面价值之间的差额确认为处置资产利得

   D. 以交易性金融资产清偿债务的，债务人应将交易性金融资产公允价值与账面价值之间的差额，计入营业外收入或营业外支出

4. 2019 年 3 月 8 日，湖南沙沙门业有限公司因无力偿还湖南长江有限责任公司的 2 000万元货款，双方进行债务重组。按债务重组协议规定，湖南沙沙门业有限公司用自身普通股股票 800 万股偿还债务，湖南长江有限责任公司将取得的股票作为可供出售金融资产进行核算。股票每股面值 1 元，该股份的公允价值为 1 800 万元（不考虑相关税费）。湖南长江有限责任公司对该应收账款计提了 100 万元的坏账准备。湖南沙沙门业有限公司于 2019 年 4 月 1 日办妥了增资批准手续。关于该项债务重组，下列表述中正确的有（　　）。

   A. 债务重组日为 2019 年 4 月 1 日

   B. 湖南长江有限责任公司因放弃债权而享有股权的入账价值为 1 800 万元

   C. 湖南沙沙门业有限公司应确认债务重组利得为 200 万元

   D. 湖南长江有限责任公司应确认债务重组损失为 200 万元

5. 甲、湖南长江有限责任公司均为增值税一般纳税人，销售商品适用的增值税税率为13%，销售不动产适用的增值税税率为9%。湖南沙沙门业有限公司销售给湖南长江有限责任公司一批商品，价款为1 000万元，增值税税额为130万元。款项尚未收到。因湖南长江有限责任公司资金困难，已无力偿还湖南沙沙门业有限公司的全部货款，经过两者的协商，湖南长江有限责任公司用自己的厂房抵债，该厂房的原值为1 500万元，累计折旧750万元，计提减值准备250万元，公允价值（等于计税基础）为1 100万元。湖南沙沙门业有限公司因为该笔应收账款计提了270万元的坏账准备。假定不考虑其他因素的影响，则湖南沙沙门业有限公司因该债务重组对下列处理不正确的有（　　）。

A. 确认贷方的资产减值损失339万元　B. 确认贷方的营业外支出200万元

C. 确认贷方的营业外收入200万元　D. 确认借方的营业外支出70万元

6. N公司和D公司均为增值税一般纳税人，销售商品适用的增值税税率为13%，销售无形资产（专利权）适用的增值税税率为6%，2019年12月31日，N公司应收D公司账款余额为200万元，由于D公司发生财务困难，双方协商进行债务重组，N公司同意D公司以一项专利权和其生产的产品抵偿债务。D公司该专利权成本为100万元，累计摊销为20万元，当日的公允价值为100万元；产品的成本为50万元，当日的公允价值为60万元。相关资产均未计提减值准备，N公司不改变收到资产的用途。假定不考虑其他因素。则下列表述中错误的有（　　）。

A. N公司专利权入账价值为100万元、库存商品入账价值60万元

B. N公司对于专利权和存货均应按照其在D公司的原账面价值入账

C. N公司确认债务重组损失40万元

D. D公司确认处置资产利得49.8万元，营业利润10万元

7. 关于以债务转增资本方式进行的债务重组，下列说法中不正确的有（　　）。

A. 债务人为股份有限公司时，应当在满足金融负债终止确认条件时，终止确认重组债务，并将债权人放弃债权而享有股份的面值总额确认为股本

B. 债务人为股份有限公司时，应当在满足金融负债终止确认条件时，终止确认重组债务，并将债权人放弃债权而享有股份的公允价值确认为股本

C. 债务人为股份有限公司时，应将所转换股份的公允价值与股本之间的差额计入资本公积——其他资本公积

D. 债务人应将重组债务的账面价值超过股本的差额，作为债务重组利得计入营业外收入

8. 湖南沙沙门业有限公司应收丁有限责任公司（以下简称丁公司）账款400万元，因丁公司发生财务困难，2019年3月1日双方进行债务重组，将丁公司所欠债务转为丁公司的股份，转股后丁公司注册资本为1 000万元，占丁公司注册资本的10%，其公允价值为300万元，湖南沙沙门业有限公司将该股份作为成本法核算的长期股权投资，且为该应

收账款计提120万元的坏账准备。则下列表述中错误的有（　　）。

A. 湖南沙沙门业有限公司应确认债务重组利得20万元

B. 湖南沙沙门业有限公司应冲减资产减值损失20万元

C. 丁公司应确认资本公积100万元

D. 丁公司应确认债务重组利得100万元

9. 下列关于修改其他债务条件进行债务重组的说法中不正确的有（　　）。

A. 以修改其他债务条件进行债务重组的，修改后的债务重组条款涉及或有应付金额，且该或有应付金额符合或有事项中有关预计负债确认条件的，债务人应当将该或有应付金额确认为预计负债

B. 以修改其他债务条件进行债务重组的，当或有应付金额在随后会计期间没有发生时，企业应当冲销原已确认的预计负债，同时冲减营业外支出

C. 以修改其他债务条件进行债务重组的，修改后的债务条款中涉及或有应收金额的，债权人应当确认或有应收金额，将其计入重组后债权的账面价值

D. 以修改其他债务条件进行债务重组的，涉及或有应收金额的，应当在或有应收金额实际发生时，计入重组债权的账面价值

10. 以现金、非现金资产和修改其他债务条件混合重组方式清偿债务的情况下，债务人和债权人进行处理的先后顺序不正确的有（　　）。

A. 修改债务条件清偿方式、非现金资产清偿方式或债务转为资本清偿方式、现金清偿方式

B. 非现金资产清偿方式或债务转为资本清偿方式、现金清偿方式、修改债务条件清偿方式

C. 现金清偿方式、非现金资产清偿方式或债务转为资本清偿方式、修改债务条件清偿方式

D. 现金清偿方式、修改债务条件清偿方式、非现金资产清偿方式或债务转为资本清偿方式

三、判断

1. 债务重组，是指在债务人发生财务困难的情况下，债权人按照其与债务人达成的协议或法院的裁定做出让步的事项。在债务重组中，债权人一定会确认“营业外支出——债务重组损失”。（　　）

2. 企业以低于应付债务账面价值的现金清偿债务的，支付的现金低于应付债务账面价值的差额，应当计入营业外收入。（　　）

3. 对债权人来说，如果债务重组涉及或有应收金额的，那么在基本确定可以收到该或有应收金额时将其确认为其他应收款。（　　）

4. 对于增值税一般纳税人，如果债务人以库存商品作为抵债资产的，应付债务的账面价值与该库存商品的公允价值之间的差额计入债务重组利得。（　　）

5. 债务重组中债务人以采用公允价值模式计量的投资性房地产进行抵债时，投资性房地产的公允价值与该投资性房地产的账面价值差额计入其他业务收入。（　　）

6. 以非现金资产进行债务重组的，对于债务人而言，转让非现金资产过程中发生的相关税费（如固定资产清理费用、评估费等，不含增值税）属于转让资产损益。（　　）

7. 债务人用以权益法核算的长期股权投资进行抵债时，长期股权投资核算期间确认的资本公积——其他资本公积的金额需要结转到投资收益。（　　）

8. 修改后的债务条款如涉及或有应收金额，债权人将该或有应收金额确认为资产。

（　　）

9. 债务重组中，债权人为取得资产发生的直接相关税费，无论何种资产，一律计入取得资产的成本中。（　　）

10. 债务人根据转换协议，将应付可转换公司债券转为资本的，属于债务重组准则规定的内容。（　　）

四、业务分析

1. 莫斯公司和利安公司均为增值税一般纳税人，销售商品适用的增值税税率为13%，销售固定资产（不动产）适用的增值税税率均为9%。2017 年 11 月莫斯公司销售一批货物给利安公司（与莫斯公司属非关联方），价税合计 500 万元。至 2018 年 5 月利安公司因发生财务困难而无法偿还货款。2019 年 6 月 1 日经双方商定进行债务重组，同意利安公司以一项公允价值为 300 万元的固定资产（不动产）及公允价值为 100 万元的自产产品偿还全部债务。至债务重组日莫斯公司已对该项债权计提了 65 万元的坏账准备，利安公司换出固定资产的账面余额为 350 万元，累计折旧 80 万元，未计提减值准备；自产产品成本为 80 万元（未计提存货跌价准备）。莫斯公司取得的固定资产作为管理用固定资产核算，取得的商品作为库存商品核算。

假设不考虑其他相关税费。

要求：分别编制莫斯公司和利安公司的会计分录。

（答案中的金额单位以万元表示）

2. 湖南沙沙门业有限公司为上市公司，于 2019 年 2 月 1 日销售给丁公司产品一批，不含税价款为 3 000 万元，销售商品适用的增值税税率为 13%，双方约定 4 个月后付款；丁公司因发生财务困难无法按期支付该笔款项。至 2019 年 12 月 31 日湖南沙沙门业有限公司仍未收到款项，湖南沙沙门业有限公司已对该应收账款计提坏账准备 510 万元。2019 年 12 月 31 日，湖南沙沙门业有限公司与丁公司进行债务重组，协议内容如下：

（1）丁公司以一项无形资产（土地使用权）和其生产的产品抵偿部分债务，销售无形资产（土地使用权）适用的增值税税率为9%，无形资产的原价为500万元，已计提摊销200万元，计提减值准备10万元，公允价值为300万元。产品的账面成本为100万元（未计提存货跌价准备），公允价值（等于计税基础）为150万元。

（2）将部分债务转为丁公司的500万股普通股，每股面值为1元，每股市价为2元，不考虑其他因素。湖南沙沙门业有限公司将取得的股权作为公允价值计量且其变动计入其他综合收益的非交易性权益工具投资。

（3）湖南沙沙门业有限公司同意免除丁公司剩余款项的20%并将剩余款项的还款期延长至2020年12月31日，从2020年1月1日起按年利率3%计算利息，但是附有一个条件：如果丁公司从2020年起实现盈利，则年利率上升为5%，如果没有盈利，则年利率仍为3%。丁公司2019年年底预计未来每年都很可能盈利。

（4）不考虑货币时间价值的影响，相关资产转让手续均于债务重组协议签订当日办理完毕。

要求：

①计算债务人丁公司的债务重组利得并编制与重组日相关的会计分录。

②计算债权人湖南沙沙门业有限公司的债务重组损失并编制与重组日相关的会计分录。

（答案中的金额单位用万元表示）

项目十四　或有事项核算业务

一、单项选择

1. 下列各项关于或有事项会计处理的表述中，不正确的是（　　）。

A. 因亏损合同预计产生的损失，在满足预计负债确认条件时，应当确认预计负债

B. 因或有事项产生的潜在义务应当确认为预计负债

C. 重组计划对外公告前不应就重组义务确认预计负债

D. 对期限较长的预计负债进行计量时应考虑货币时间价值的影响

2. 2019 年 12 月 10 日，湖南沙沙门业有限公司因合同违约而涉及一桩诉讼案。根据公司的法律顾问判断，最终的判决结果很可能对湖南沙沙门业有限公司不利。2019 年 12 月 31 日，湖南沙沙门业有限公司尚未接到法院的判决，因诉讼须承担的赔偿金额无法准确地确定。不过，据专业人士估计，赔偿金额可能在 100 万元至 120 万元之间（且各金额发生的可能性相同），另需支付承担的诉讼费 2 万元，湖南沙沙门业有限公司应确认的营业外支出的金额为（　　）万元。

A. 100　　　　B. 120

C. 110　　　　D. 112

3. 湖南沙沙门业有限公司管理层于 2018 年 12 月制定了一项业务重组计划，拟从 2019 年 1 月 1 日起关闭 A 产品生产线。湖南沙沙门业有限公司预计发生以下支出或损失：因辞退员工将支付补偿款 500 万元；因撤销厂房租赁合同将支付违约金 30 万元；因将用于 A 产品生产的固定资产等转移至另一生产车间将发生运输费 3 万元；因对留用员工进行培训将发生支出 1 万元；因推广新款 A 产品将发生广告费用 2 500 万元；因处置用于 A 产品生产的固定资产将发生减值损失 150 万元。2018 年 12 月 31 日，因该项重组计划减少 2018 年度利润总额的金额为（　　）万元。

A. 500　　　　B. 534

C. 680　　　　D. 684

4. 2019 年 11 月，湖南沙沙门业有限公司因污水排放对环境造成污染被周围居民提起诉讼。2019 年 12 月 31 日，该案件尚未一审判决。根据以往类似案例及公司法律顾问的判断，湖南沙沙门业有限公司很可能败诉。如败诉，预计赔偿 2 000 万元的可能性为 70%，

预计赔偿1 800万元的可能性为30%。假定不考虑其他因素，该事项对湖南沙沙门业有限公司2019年利润总额的影响金额为（　　）万元。

A. −1 800　　B. −1 900

C. −1 940　　D. −2 000

5. 湖南沙沙门业有限公司2019年年初“预计负债——产品质量保证”余额为0。当年分别销售A、B产品3万件和4万件，销售单价分别为50元和40元。湖南沙沙门业有限公司向购买者承诺产品售后2年内提供免费保修服务，预计保修期内发生的保修费在销售额的2%~8%之间，且该范围内各种结果发生的可能性相同。2019年实际发生产品保修费5万元（已用银行存款支付）。假定无其他或有事项，不考虑其他因素的影响，则湖南沙沙门业有限公司2019年年末资产负债表“预计负债”项目的余额为（　　）万元。

A. 5　　B. 1.2

C. 7.5　　D. 10.5

6. 2017年1月1日，湖南沙沙门业有限公司与乙公司签订了一项不可撤销的租赁合同，以经营租赁方式租入乙公司一台机器设备，专门用于生产M产品，租赁期为5年，年租金为240万元。因M产品在使用过程中产生严重的环境污染，湖南沙沙门业有限公司自2019年1月1日起停止生产该产品，当日M产品库存为零。假定不考虑时间价值等其他因素，该事项对湖南沙沙门业有限公司2019年度利润总额的影响金额为（　　）万元。

A. 0　　B. −240

C. −480　　D. −720

7. 2019年3月1日湖南沙沙门业有限公司与乙公司签订一份不可撤销的产品销售合同，约定在2020年1月1日以每件10万元的价格向乙公司销售15件D产品，乙公司于签订合同同时预付定金30万元，若湖南沙沙门业有限公司违约需双倍返还定金。2019年12月31日，湖南沙沙门业有限公司库存中没有D产品所需原材料，因原材料价格突然上涨，预计生产每件D产品成本上升至15万元，则2019年年末湖南沙沙门业有限公司应在资产负债表中确认预计负债（　　）万元。

A. 75　　B. 30

C. 60　　D. 65

8. 2019年10月20日，湖南沙沙门业有限公司因合同违约而被乙公司起诉。2019年12月31日，湖南沙沙门业有限公司尚未接到人民法院的判决。湖南沙沙门业有限公司预计，最终的判决很可能对其不利，并预计将要支付的赔偿金额为170万元至190万元之间，并且这个区间内每个金额的可能性都大致相同。2019年12月31日，湖南沙沙门业有限公司对该项未决诉讼应确认的预计负债金额为（　　）万元。

A. 160　　B. 190

C. 170　　D. 180

二、多项选择

1. 下列涉及预计负债的会计处理中，错误的有（　　）。

A. 待执行合同变成亏损合同时，应当将全部损失立即确认预计负债

B. 重组计划对外公告前不应就重组义务确认预计负债

C. 因某产品质量保证而确认的预计负债，如企业不再生产该产品，应将其余额立即冲销

D. 企业当期实际发生的担保诉讼损失金额与上期合理预计的预计负债相差较大时，应按重大会计差错更正的方法进行调整

2. 下列关于最佳估计数的确定，正确的有（　　）。

A. 所需支出存在一个连续范围（或区间），且该范围内各种结果发生的可能性相同，则最佳估计数应当按照该范围内的中间值，即上下限金额的平均数确定

B. 所需支出不存在一个连续范围，或者虽然存在一个连续范围但该范围内各种结果发生的可能性不相同，涉及单个项目的，按照最可能发生金额确定

C. 所需支出不存在一个连续范围，或者虽然存在一个连续范围但该范围内各种结果发生的可能性不相同，涉及多个项目的，按照各种可能结果及相关概率计算确定

D. 所需支出存在一个连续范围（或区间），且该范围内各种结果发生的可能性相同，则最佳估计数应当按照该范围内的几何平均数计算确定

3. 关于亏损合同的会计处理正确的有（　　）。

A. 亏损合同确认预计负债时，预计负债的计量应当反映退出该合同的最低净成本，即履行该合同的成本与未能履行该合同而发生的补偿或处罚两者之中的较低者

B. 如果与亏损合同相关的义务不可撤销，企业就存在了现实义务，同时满足该义务很可能导致经济利益流出企业且金额能够可靠地计量的，应当确认为预计负债

C. 待执行合同变为亏损合同的，合同存在标的资产的，应当对标的资产进行减值测试并按规定确认减值损失，在这种情况下企业通常不确认预计负债；如果预计亏损超过该减值损失，应将超过部分确认为预计负债

D. 待执行合同变为亏损合同的，合同不存在标的资产的，亏损合同相关义务满足预计负债确认条件时，应该确认预计负债

4. 2018 年 8 月 30 日，北方公司与西方公司签订不可撤销的销售合同。合同约定，北方公司应当于 2019 年 3 月 1 日前，向西方公司提供 100 件 A 产品，销售总额为 100 万元，若北方公司违约，则需要向西方公司按照销售总额的 10% 支付违约金。2018 年 12 月 31

日，库存A产品60件，成本为60万元；北方公司开始筹备原材料以生产剩余的40件A产品时，原材料价格突然上涨，预计生产剩余40件A产品的成本为48万元，预计销售100件A产品将发生销售税费10万元。当日100件A产品的市场价格为140万元。假定不考虑其他因素的影响，北方公司的下列处理中，正确的有（　　）。

A. 北方公司应选择执行合同，并确认预计负债26万元

B. 北方公司应选择执行合同，并计提存货跌价准备和确认资产减值损失26万元

C. 北方公司应选择不执行合同，并确认预计负债10万元

D. 北方公司应选择不执行合同，并确认营业外支出10万元

5. 下列项目中属于重组事项的有（　　）。

A. 出售或终止企业的部分业务

B. 对企业的组织结构进行较大调整

C. 关闭企业的部分营业场所，或将营业活动由一个国家或地区迁移到其他国家或地区

D. 债务重组

6. 下列关于或有负债和或有资产说法正确的有（　　）。

A. 或有负债一定是由过去的交易或事项形成的潜在义务

B. 或有负债一定是过去的交易或者事项形成的现实义务

C. 或有资产指过去的交易或者事项形成的潜在资产

D. 企业通常不应披露或有资产，但或有资产很可能给企业带来经济利益的，应当予以披露

7. 下列关于或有事项的说法中，正确的有（　　）。

A. 或有资产和或有负债不符合资产和负债的确认条件，不应当确认资产和负债

B. 或有事项在满足负债的确认条件时，可以确认为负债

C. 或有资产一般不应在财务报表附注中披露，当或有资产很可能给企业带来经济利益时，则应在财务报表附注中披露

D. 一桩经济案件，若企业有98%的可能性获得补偿100万元，则企业就应将其确认为资产

8. 如果企业清偿因或有事项而确认的负债所需支出全部或部分预期由第三方补偿的，下列说法中正确的有（　　）。

A. 补偿金额在基本确定能收到时，企业应按所需支出扣除补偿金额后的金额确认预计负债

B. 补偿金额只有在基本确定能收到时，才能作为资产单独确认，且确认的补偿金额不应超过所确认负债的账面价值

C. 补偿金额在很可能收到时，就可以作为资产单独确认，但确认的补偿金额不应

超过所确认负债的账面价值

D. 补偿金额在基本确定能收到时，企业应按所需支出确认预计负债，而不能扣除从第三方或其他方得到的补偿金额

三、判断

1. 或有负债无论是潜在义务还是现实义务，均不符合负债的确认条件，因而不能在财务报表中予以确认，但是应按相关规定在财务报表中附注披露。（ ）

2. 企业对已经确认的预计负债在实际支出发生时，不应当仅限于最初为之确定该预计负债的支出。（ ）

3. 或有事项形成的或有资产只有企业基本确定能够收到的情况下，才能转换为真正的资产，从而全部予以确认。（ ）

4. 履行该义务很可能导致经济利益流出企业，是指履行与或有事项相关的现时义务时，导致经济利益流出企业的可能性50%以上（含50%），但尚未达到基本确定的程度。（ ）

5. 企业应当在资产负债日对预计负债的账面价值进行复核，有确凿正确表明该账面价值不能真实反映当前最佳估计数的，应当按照当前最佳估计数对该账面价值进行调整。（ ）

6. 预期可获得的补偿在基本确定能够收到时应当确认为一项资产，作为预计负债金额的扣减。（ ）

7. 亏损合同产生的义务满足预计负债条件，应当确认为预计负债，预计负债的计量应当反映退出该合同的最低净成本，即履行该合同的成本与未能履行该合同而发生补偿或处罚两者之中的较低者。（ ）

8. 如果预计负债的确认时点距离实际清偿有较长的时间跨度，货币时间价值的影响重大，那么在确定预计负债的金额时，应考虑采用现值计量，即通过对相关未来现金流出进行折现后确认最佳估计数。（ ）

四、业务分析

1. 乙公司主要生产A、B、C三种家电产品，2019年发生如下事项：

（1）2019年12月10日，乙公司认为本企业应享受一项税收优惠，获得税收返还，但税务部门迟迟不予落实执行。乙公司遂将税务部门告上法庭。律师认为，法律已经有明文规定，本诉讼基本确定能获胜，如果获胜，将获得返还款200万元。

（2）2019年12月1日，乙公司接到法院的通知，其联营企业在两年前的一笔借款到期，本息合计为1 000万元，因联营企业无力偿还，债权单位（贷款单位）已将本笔贷款的担保企业乙公司告上法庭，要求乙公司履行担保责任，代为清偿。乙公司经研究认为，

目前联营企业的财务状况较差，乙公司有80%的可能性承担全部本息的偿还责任。

（3）2019年7月1日，乙公司与湖南沙沙门业有限公司签订一份不可撤销合同，合同约定：乙公司在2017年2月1日以每件3万元的价格向湖南沙沙门业有限公司销售10件A产品，湖南沙沙门业有限公司应预付定金5万元，若乙公司违约，双倍返还定金。

2019年12月31日，乙公司库存A产品10件，成本总额为40万元，按目前市场价格计算的市价总额为38万元，假定不考虑相关税费。

（4）2019年12月25日，乙公司司机驾驶大货车在高速公路上追尾，致使被追尾车辆连同产品遭受重大损失，受害单位要求赔偿20万元。交警已明确责任，这次事故应由乙公司负全部责任，乙公司认为情况属实，是因为当时急需材料，强令司机日夜兼程，疲劳驾驶，引致重大交通事故。乙公司已同意将赔偿损失20万元，款项已于12月31日支付。

要求：

①判断资料（1）、资料（2）、资料（3）、资料（4）是否属于或有事项，标明序号即可。

②根据上述资料，针对判断出来的或有事项符合负债确认条件的业务，编制相应的会计分录。

（答案中的金额单位用万元表示）

2. 湖南沙沙门业有限公司2019年发生如下经济业务：

（1）8月1日，由于湖南沙沙门业有限公司提供贷款担保的丙公司发生财务困难无法支付到期贷款本息1 000万元，贷款银行提起诉讼，至12月31日法院一审判决湖南沙沙门业有限公司承担连带偿还责任，湖南沙沙门业有限公司不服从判决进行上诉。至12月31日，湖南沙沙门业有限公司法律顾问认为，湖南沙沙门业有限公司很可能需要为丙公司所欠贷款本息承担80%的连带责任。

（2）9月1日，因为湖南沙沙门业有限公司产品质量问题，被丁公司提起诉讼，至12月31日法院尚未判决。期末湖南沙沙门业有限公司法律顾问认为败诉的可能性为65%，预计赔偿金额在200万元至250万元（该区间内支付各种金额的可能性相等），鉴于湖南沙沙门业有限公司对该产品买了产品质量保险，期末湖南沙沙门业有限公司基本确定可从保险公司获得赔偿250万元。

（3）湖南沙沙门业有限公司12月10日与戊公司签订不可撤销的产品销售合同，预收定金150万元。约定在2020年2月1日以每件10万元的价格向戊公司提供C产品100件，若违约，湖南沙沙门业有限公司将双倍返还定金，签订合同时，C产品尚未开始生产。湖南沙沙门业有限公司准备生产C产品时，原材料上涨，预计生产C产品的成本为12万元，不考虑其他因素。

要求：

（1）根据上述资料，分别编制与或有事项相关的会计分录。

（2）计算上述事项对 2019 年度利润总额的影响金额。

（答案中的金额单位用万元表示）

项目十五　借款费用核算业务

一、单项选择

1. 湖南沙沙门业有限公司下列经济业务中，借款费用不应予以资本化的是（　　）。

A. 2019 年 1 月 1 日起，用银行借款开工建设一幢简易厂房，厂房于当年 2 月 15 日完工，达到预定可使用状态

B. 2019 年 1 月 1 日起，向银行借入资金用于生产 A 产品，该产品属于大型发电设备，生产时间较长，为 1 年零 1 个月

C. 2019 年 1 月 1 日起，向银行借入资金开工建设办公楼，预计次年 2 月 15 日完工

D. 2019 年 1 月 1 日起，向银行借入资金开工建设写字楼并计划用于投资性房地产，预计次年 5 月 16 日完工

2. 借款费用不包括（　　）。

A. 借款利息　　B. 溢折价摊销

C. 辅助费用　　D. 权益性融资费用

3. 予以资本化的借款费用计入（　　）。

A. 资产的成本　　B. 财务费用

C. 借款费用　　D. 当期损益

4. 下列导致固定资产建造中断时间连续超过 3 个月的事项中，不应暂停借款费用资本化的是（　　）。

A. 劳务纠纷　　B. 安全事故

C. 资金周转困难　　D. 可预测的天气影响

5. 湖南沙沙门业有限公司于 2019 年 1 月 1 日向 B 银行借款 500 000 元，为期 3 年，每年年末偿还利息，到期日偿还本金。借款合同利率为 3%，实际利率为 4%，为取得借款发生手续费 15 495 元，2019 年末 X 公司“长期借款”项目的金额为（　　）元。

A. 503 885. 2　　B. 536 114. 8

C. 488 885. 2　　D. 486 126. 5

6. 2019 年 4 月 20 日，湖南沙沙门业有限公司公司以当月 1 日自银行取得的专门借款

支付了建造办公楼的首期工程物资款，5 月 10 日开始施工，5 月 20 日因发现文物需要发掘保护而暂停施工，7 月 15 日复工兴建。甲公司该笔借款费用开始资本化的时点为（　　）。

A. 2019 年 4 月 1 日　　B. 2019 年 4 月 20 日

C. 2019 年 5 月 10 日　　D. 2019 年 7 月 15 日

7. 2017 年 1 月 1 日，湖南沙沙门业有限公司公司从银行取得 3 年期专门借款开工兴建一栋厂房。2019 年 6 月 30 日该厂房达到预定可使用状态并投入使用，7 月 31 日验收合格，8 月 5 日办理竣工决算，8 月 31 日完成资产移交手续。甲公司该专门借款费用在 2019 年停止资本化的时点为（　　）。

A. 6 月 30 日　　B. 7 月 31 日

C. 8 月 5 日　　D. 8 月 31 日

8. 2018 年 2 月 1 日，湖南沙沙门业有限公司公司为建造一栋厂房向银行取得一笔专门借款。2018 年 3 月 5 日，以该贷款支付前期订购的工程物资款，因征地拆迁发生纠纷，该厂房延迟至 2018 年 7 月 1 日才开工兴建，开始支付其他工程款，2019 年 2 月 28 日，该厂房建造完成，达到预定可使用状态。2019 年 4 月 30 日，甲公司办理工程竣工决算，不考虑其他因素，甲公司该笔借款费用的资本化期间为（　　）。

A. 2018 年 2 月 1 日至 2019 年 4 月 30 日

B. 2018 年 3 月 5 日至 2019 年 2 月 28 日

C. 2018 年 7 月 1 日至 2019 年 2 月 28 日

D. 2018 年 7 月 1 日至 2019 年 4 月 30 日

9. 在确定借款费用资本化金额时，资本化期间内与一般借款有关的利息收入应（　　）。

A. 冲减当期财务费用　　B. 计入营业外收入

C. 冲减借款费用资本化的金额　　D. 计入其他综合收益

10. 湖南沙沙门业有限公司公司 2018 年 1 月 1 日发行面值总额为 10 000 万元的债券，取得的款项专门用于建造厂房。该债券系分期付息、到期还本债券，期限为 4 年，票面年利率为 10%，每年 12 月 31 日支付当年利息。该债券年实际利率为 8%。债券发行价格总额为 10 662. 10 万元，款项已存入银行。厂房于 2018 年 1 月 1 日开工建造，2018 年初发生第一笔资产支出并截至年末累计发生建造工程支出 4 600 万元。经批准，当年甲公司将尚未使用的债券资金投资于国债，取得投资收益 760 万元。2018 年 12 月 31 日工程尚未完工，该在建工程的账面余额为（　　）。

A. 4 692. 97 万元　　B. 906. 21 万元

C. 5 452. 97 万元　　D. 5 600 万元

二、多项选择

1. 在确定借款费用暂停资本化的期间时，应当区别正常中断和非正常中断，下列各项中，属于非正常中断的有（　　）。

A. 质量纠纷导致的中断　　B. 安全事故导致的中断

C. 劳动纠纷导致的中断　　D. 资金周围困难导致的中断

2. 在计算所占用一般借款的资本化率时，应考虑的因素有（　　）。

A. 借款的时间　　B. 溢折价的摊销

C. 资产支出　　D. 借款的利率

3. 按照借款费用准则规定，在借款费用资本化期间内，为购建或者生产符合资本化条件的资产占用了一般借款的，其资本化金额的计算处理方法正确的有（　　）。

A. 应当根据累计资产支出加权平均数乘以所占用一般借款的资本化率，计算确定一般借款应予资本化的利息金额

B. 应当根据累计资产支出超过专门借款部分的资产支出加权平均数乘以所占用一般借款的资本化率，计算确定一般借款应予资本化的利息金额

C. 一般借款加权平均利率=所占用一般借款当期实际发生的利息之和÷所占用一般借款本金加权平均数

D. 一般借款属外币借款的，其本金和利息所产生的汇兑差额应作为财务费用，计入当期损益

4. 在资本化期间内，下列有关借款费用会计处理的表述中，正确的有（　　）。

A. 所建造固定资产的支出基本不再发生，应停止借款费用资本化

B. 为购建固定资产取得的外币专门借款本金发生的汇兑差额，应予以资本化

C. 固定资产建造中发生正常中断且连续超过 3 个月的，应暂停借款费用资本化

D. 为购建固定资产取得的外币专门借款利息发生的汇兑差额，全部计入当期损益

5. 借款费用资本化必须同时满足的条件有（　　）。

A. 资产支出已经发生

B. 借款费用已经发生

C. 为使资产达到预定可使用或者可销售状态所必要的购建或者生产活动已经开始

D. 已使用借款购入工程物资

6. 下列项目中，属于借款费用应予资本化的资产范围的有（　　）。

A. 经过 13 个月的购建达到预定可使用状态的投资性房地产

B. 需要 18 个月的生产活动才能达到可销售状态的存货

C. 经过 2 年的研发达到预定用途的无形资产

D. 经过 8 个月的建造即可达到预定可使用状态的生产设备

7. 下列各项中，不应暂停借款费用资本化的有（　　）。

A. 因重大安全事故导致固定资产建造活动连续中断超过 3 个月

B. 因事先无法预见的不可抗力因素导致固定资产建造活动连续中断超过 3 个月

C. 因施工质量例行检查导致固定资产建造活动连续中断超过 3 个月

D. 因可预见的不可抗力因素导致固定资产建造活动连续中断超过 3 个月

8. 下列有关借款费用的论断中，正确的是（　　）。

A. 具有融资性质的分次付款购入固定资产时，如果固定资产需要安装，则安装期内的利息费用计入工程成本

B. 一般借款费用资本化的计算需考虑闲置资金收益

C. 当专门借款和一般借款混合使用时，应区分二者并分别按各自处理原则进行核算

D. 无论是专门借款还是一般借款只要达到两笔或两笔以上时均需加权计算平均利率

E. 公司债券的发行费用以提高内含利率增加各期利息费用的方式列入资本化

9. 下列关于专门借款费用资本化的暂停或停止的表述中，正确的有（　　）。

A. 购建固定资产过程中发生非正常中断且中断时间连续超过 3 个月的，应当暂停借款费用资本化

B. 购建固定资产过程中发生正常中断且中断时间连续超过 3 个月，应当暂停借款费用资本化

C. 在购建固定资产过程中，某部分固定资产已达到预定可使用状态，且该部分固定资产可供独立使用，则应停止该部分固定资产的借款费用资本化

D. 在购建固定资产过程中，某部分固定资产虽已达到预定可使用状态，但必须待整体完工后方可使用，则需待整体完工后停止借款费用资本化

10. 下列关于借款费用资本化的表述中，正确的有（　　）。

A. 每一会计期间的利息资本化金额，可能超过当期相关借款实际发生的利息金额

B. 在建项目占用一般借款的，其借款利息符合资本化条件的部分可资本化

C. 房地产开发企业不应将用于项目开发的借款费用资本化列入开发成本

D. 一般借款应予资本化的利息金额等于累计资产支出超过专门借款部分的资产支出加权平均数乘以所占用的一般借款的资本化率

三、判断

1. 在借款费用允许资本化的期间内发生的外币专门借款汇兑差额，应当计入以该专门借款所购建固定资产的成本中。（　　）

2. 资产支出只包括为购建或者生产符合资本化条件的资产而以支付现金、转移非现

金资产或者承担不带息债务形式发生的支出。（　　）

3. 符合资本化条件的资产在购建或者生产过程中发生因可预见的不可抗力因素而发生中断，且中断时间连续超过 3 个月的，中断期间所发生的借款费用，应当计入当期损益，直至购建或者生产活动重新开始。（　　）

4. 在资本化期间内，外币一般借款本金及利息所产生的汇兑差额一律记入当期损益。（　　）

5. 在借款费用资本化期间内，一般借款有闲置资金的，利息资本化金额还应扣除一般借款闲置资金产生的利息或收益。（　　）

6. 企业每一会计期间的利息资本化金额不应当超过当期相关借款实际发生的利息金额。（　　）

7. 企业借款费用开始资本化之前发生的借款辅助费用，应将其全部发生额计入当期损益。（　　）

8. 在资本化期间内，外币一般借款本金及利息产生的汇兑差额，应当予以资本化；外币一般借款本金及利息产生的汇兑差额，应计入当期损益。（　　）

9. 资本化期间发生的专门借款的利息费用一定资本化。（　　）

10. 资本化期间，是指从借款费用开始资本化时点至停止资本化时点的期间。（　　）

四、业务分析

1. 湖南沙沙门业有限公司为建造一条生产线于 2017 年 12 月 31 日借入一笔长期借款，本金为 1 000 万元，年利率为 6%，期限为 4 年，每年末支付利息，到期还本。工程采用出包方式，于 2018 年 2 月 1 日开工，工程期为 2 年，2018 年相关资产支出如下：2 月 1 日支付工程预付款 200 万元；5 月 1 日支付工程进度款 300 万元；7 月 1 日因工程事故一直停工至 11 月 1 日，11 月 1 日支付了工程进度款 300 万元。2019 年 3 月 1 日支付工程进度款 100 万元，6 月 1 日支付工程进度款 100 万元，工程于 2019 年 9 月 30 日完工。闲置资金因购买国债可取得 0.1%的月收益。

要求：计算 2018 年和 2019 年专门借款利息费用资本化金额，并编制与借款利息相关的会计分录。

2. 2018 年 3 月 1 日，湖南沙沙门业有限公司取得 3 年期专门借款 2 000 万元直接用于当日开工建造的办公楼，年利率为 8%。2018 年累计发生建造支出 1 600 万元，2019 年 1 月 1 日，该公司又取得一般借款 3 000 万元，年利率为 7%，当天发生建造支出 100 万元，上述支出均以借入款项支付（A 公司无其他一般借款）。该工程项目于 2019 年 5 月 1 日至 2019 年 8 月 31 日发生非正常中断，工程于 2018 年年末达到预定可使用状态。

要求：计算 2019 年借款费用的资本化金额。

3. 湖南沙沙门业有限公司拟建造一栋厂房，预计工期为 2 年，有关资料如下：

（1）湖南沙沙门业有限公司于 2018 年 1 月 1 日为该项工程专门借款 3 000 万元，借款期限为 3 年，年利率 6%，利息按年支付。

（2）工程建设期间占用了两笔一般借款，具体如下：

①2018 年 12 月 1 日向某银行借入长期借款 4 000 万元，期限为 3 年，年利率为 9%，利息按年于每年年初支付。

②2018 年 7 月 1 日按面值发行 5 年期公司债券 3 000 万元，票面年利率为 8%，利息按年于每年年初支付，款项已全部收存银行。

（3）工程于 2018 年 1 月 1 日开始动工兴建，工程采用出包方式建造，当日支付工程款 1 500 万元。工程建设期间的支出情况如下：

2018 年 7 月 1 日：3 000 万元。

2019 年 1 月 1 日：2 000 万元。

2019 年 7 月 1 日：3 000 万元。

截至 2019 年末，工程尚未完工。其中，由于施工质量问题工程于 2019 年 8 月 1 日~11 月 30 日停工 4 个月。

（4）专门借款中未支出部分全部存入银行，假定月利率为 0.5%。假定全年按照 360 天计算，每月按照 30 天计算。

根据上述资料，要求：

①计算 2018 年利息资本化和费用化的金额并编制会计分录。

②计算 2019 年利息资本化和费用化的金额并编制会计分录。

（计算结果保留两位小数，答案金额以万元为单位）

4. 湖南沙沙门业有限公司公司于 2018 年 1 月 1 日动工兴建一幢办公楼，工程采用出包方式，每半年支付一次工程进度款，工程于 2019 年 6 月 30 日完工，达到预定可使用状态。建造资产工程支出如下：2018 年 1 月 1 日，支出 1 500 万元；2018 年 7 月 1 日，支出 2 500万元；2019 年 1 月 1 日，支出 1 500 万元。公司为建造办公楼于 2018 年 1 月 1 日专门借款 2 000 万元，期限为 3 年，年利率 8%。办公楼的建造还占用了两笔一般借款：商业银行长期贷款 2 000 万元，期限为 2017 年 12 月 1 日至 2020 年 12 月 1 日，年利率为 6%，按年支付利息。发放公司债券 1 亿元，发行日为 2017 年 1 月 1 日，期限为 5 年，年利率为 8%，按年支付利息。企业将专门借款中未支出部分全部存入银行，假定月利率为 0.5%。

根据上述资料，要求：

（1）计算 2018 年利息资本化的金额并编制会计分录。

（2）计算 2019 年利息资本化的金额并编制会计分录。

（计算结果保留两位小数，答案金额以万元为单位）

5. 湖南沙沙门业有限公司与 2019 年 1 月 1 日动工兴建一幢办公楼，工期为 1 年，工程采用出包方式，分别与 2019 年 1 月 1 日、7 月 1 日和 10 月 1 日支付工程进度款 1 000 万元、3 500万元和1 000万元。办公楼与2019年12月31日完工，达到预定可使用状态。公司为建造办公楼发生了两笔专门借款，分别为：

（1）2019年1月1日专门借款2 000万元，借款期限为3年，年利率为7%，利息按年支付。

（2）2019年7月1日专门借款2 000万元，借款期限为5年，年利率为11%，利息按年支付。闲置专门借款资金均用于固定收益债券短期投资，假定该短期投资月收益为0.5%。

公司为建造办公楼的支出占用了一般借款。假定所占用一般借款有两笔，分别为：

（1）向A银行长期借款2 000万元，期限为2019年11月1日至2022年11月1日，年利率为6%，按年支付利息。

（2）发行公司债券10 000万元，于2019年1月1日发行，期限为5年，年利率为9%，按年支付利息。

要求：

（1）计算专门借款利息费用资本化金额。

（2）计算一般借款利息费用资本化金额。

（3）计算应予资本化的利息费用金额。

项目十六　所得税费用业务

一、单项选择

1. 长江公司于2019年6月15日取得某项固定资产，其初始入账价值为360万元，使用年限为10年，采用年限平均法计提折旧，预计净残值为0。税法规定，该项固定资产折旧年限为15年，折旧方法、预计净残值与会计规定相同。则2019年12月31日该项固定资产的计税基础为（　　）万元。

A. 336　　B. 24

C. 12　　D. 348

2. 大海公司当期发生研究开发支出共计320万元，其中研究阶段支出120万元，开发阶段不符合资本化条件的支出50万元，开发阶段符合资本化条件的支出150万元，该项研发当期达到预定用途转入无形资产核算，假定大海公司当期摊销无形资产30万元。税法摊销方法、摊销年限和预计净残值与会计相同。大海公司当期期末无形资产的计税基础为（　　）万元。

A. 150　　B. 120

C. 0　　D. 210

3. 甲公司于2019年6月20日取得一项交易性金融资产，其购买价格为800万元，相关交易费用为20万元。2019年12月31日该项交易性金融资产的公允价值为950万元。则2019年12月31日该项交易性金融资产的计税基础为（　　）万元。

A. 950　　B. 800

C. 810　　D. 0

4. 南昌公司2019年12月31日预提产品质量保证费用，确认预计负债100万元，2016年发生产品质量保修费用20万元，假定预计负债期初余额为零。税法规定，企业计提的质量保修费在实际发生时允许税前扣除。则南昌公司2019年12月31日预计负债计税基础为（　　）万元。

A. 0　　B. 80

C. 20　　D. 100

5. 西方公司于2018年12月31日取得某项固定资产，其初始入账价值为600万元，使用年限为 5 年，采用年数总和法计提折旧，预计净残值为 0。税法规定对于该项固定资产采用年限平均法计提折旧，折旧年限、预计净残值与会计规定相同。下列关于该固定资产 2019 年 12 月 31 日产生暂时性差异的表述中正确的是（　　）。

A. 产生应纳税暂时性差异 80 万元　　B. 产生可抵扣暂时性差异 80 万元

C、产生可抵扣暂时性差异 40 万元　　D. 不产生暂时性差异

6. 甲公司 2019 年 12 月计入成本费用的职工工资总额为 5 600 万元，2019 年 12 月 31 日尚未支付。税法规定，当期计入成本费用的 5 600 万元工资支出中，可予税前扣除的合理部分为 4 000 万元。则甲公司 2019 年 12 月 31 日应付职工薪酬的计税基础为（　　）万元。

A. 5 600　　B. 4 000

C. 1 600　　D. 0

7. 甲公司所得税采用资产负债表债务法核算，适用的所得税税率为 25%。甲公司于 2019 年 7 月 1 日购入一项专利技术，该专利技术专门用于生产 X 产品。入账价值为 600 万元，预计使用年限为 5 年，无残值，采用直线法摊销，假定税法对于该项专利技术的折旧政策与会计规定一致。2019 年年末，由于市场上出现了更先进的生产 X 产品的专利技术，甲公司为该专利技术进行减值测试。估计该专利技术的公允价值减去处置费用后的净额为 420 万元，预计未来现金流量现值为 400 万元。假定生产的 X 产品期末全部对外出售。则甲公司因该事项确认递延所得税资产金额为（　　）万元。

A. 30　　B. 50

C. 65　　D. 80

8. A 公司 2019 年 12 月因违反当地有关环保法规的规定，接到环保部门的处罚通知，要求其支付罚款 280 万元，A 公司确认其他应付款 280 万元。税法规定，企业因违反国家有关法律法规支付的罚款和滞纳金，计算应纳税所得额时不允许税前扣除。至 2019 年 12 月 31 日，该项罚款已经支付了 200 万元。则 A 公司 2019 年 12 月 31 日该项其他应付款的计税基础为（　　）万元。

A. 0　　B. 280

C. 200　　D. 80

9. 新华公司使用的所得税税率为 25%，采用资产负债表债务法核算所得税。新华公司 2019 年年初坏账准备的余额为 0。2019 年 12 月 31 日应收账款余额为 2 300 万元，该公司期末对应收账款计提了 200 万元的坏账准备。按照税法规定，应收账款计提的坏账准备在发生实质性损失之前不允许税前扣除。则 2019 年 12 月 31 日该项应收账款对递延所得税的影响为（　　）。

A. 应确认递延所得税资产 50 万元　　B. 应确认递延所得税资产-50 万元

C. 应确认递延所得税负债 50 万元　　D. 应确认递延所得税负债-50 万元

10. 下列各项确认的递延所得税不对应所得税费用科目的是（　　）。
A. 非交易性权益工具投资公允价值变动
B. 交易性金融资产公允价值变动
C. 存货计提减值准备
D. 应收账款计提坏账

二、多项选择

1. 下列各项中，可能引起固定资产账面价值与计税基础不一致的有（　　）。
A. 折旧方法不同
B. 折旧年限不同
C. 预计净残值不同
D. 计提固定资产减值准备

2. 下列各项中可能会导致无形资产账面价值与计税基础不同的因素有（　　）。
A. 使用寿命有限的无形资产，会计与税法中对其预计使用年限的估计不同，其他因素估计相同
B. 使用寿命有限的无形资产，会计和税法中对其预计的使用年限及预计净残值相同，摊销的方法不同
C. 使用寿命不确定的无形资产，税法中按直线法计提摊销
D. 外购的无形资产，会计上计提减值准备

3. 下列关于负债的计税基础基本理解的表述中正确的有（　　）。
A. 负债的计税基础代表的是在未来期间可予税前扣除的总金额
B. 负债的计税基础代表的是账面价值在扣除税法规定未来期间允许税前扣除的金额之后的差额
C. 负债的账面价值大于其计税基础表示未来期间计税时按照税法规定可予税前扣除的金额
D. 负债的账面价值大于其计税基础减少未来期间的应纳税所得额，均应确认递延所得税资产

4. 下列情况中，会产生应纳税暂时性差异的有（　　）。
A. 资产的账面价值大于其计税基础
B. 资产的账面价值小于其计税基础
C. 负债的账面价值大于其计税基础
D. 负债的账面价值小于其计税基础

5. 下列选项中产生可抵扣暂时性差异的有（　　）。
A. 预提产品保修费用

B. 计提存货跌价准备

C. 采用公允价值模式进行后续计量的投资性房地产期末公允价值大于投资性房地产取得时成本

D. 计提固定资产减值准备

6. 下列各项中产生应纳税暂时性差异的有（　　）。

A. 固定资产的账面价值为 500 万元，计税基础为 450 万元

B. 其他权益工具投资的账面价值为 60 万元，计税基础为 30 万元

C. 交易性金融资产的账面价值为 50 万元，计税基础为 100 万元

D. 因产品质量保证计提预计负债的账面价值为 20 万元，计税基础为 0 万元

7. 下列各项关于资产计税基础的表述中，正确的有（　　）。

A. 资产的计税基础是指资产在当期可以税前扣除的金额

B. 自行研发无形资产，其初始确认时的计税基础为其成本的 150%

C. 固定资产在某一资产负债表日的计税基础是指其成本扣除按照税法规定计算确定的累计折旧后的金额

D. 固定资产在某一资产负债表日的计税基础是指其成本扣除累计折旧和减值准备后的金额

8. 下列各项中，假设递延所得税均对应所得税费用，则下列能够增加递延所得税费用金额的有（　　）。

A. 递延所得税资产借方发生额　　B. 递延所得税资产贷方发生额

C. 递延所得税负债借方发生额　　D. 递延所得税负债贷方发生额

9. 下列有关负债计税基础确定的表述中，正确的有（　　）。

A. 企业因销售商品提供售后三包等原因于当期确认了 200 万元的预计负债。则该预计负债的账面价值为 200 万元，计税基础为 0

B. 企业因债务担保确认了预计负债 100 万元，则该项预计负债的账面价值为 100 万元，计税基础为 0

C. 企业收到客户的一笔款项 100 万元，因不符合收入确认条件，会计上作为预收账款反映，但符合税法规定的收入确认条件，该笔款项已计入当期应纳税所得额，则预收账款的账面价值为 100 万元，计税基础为 0

D. 企业当期期末确认应付职工薪酬 1 500 万元，按照税法规定可以于当期全部扣除。则应付职工薪酬的账面价值为 1 500 万元，计税基础为 1 500 万元

10. 2019 年 1 月 1 日，甲公司为开发新技术开始自行研发某项专利技术，研发过程中共发生研发支出 30 万元，其中符合资本化条件的支出为 24 万元，不符合资本化条件的支出为 6 万元。2019 年 7 月 1 日甲公司该项专利技术研发成功达到预定可使用状态并立即投入使用，甲公司预计该项专利技术的使用年限为 30 年，对其采用直线法计提摊销，预计

净残值为 0；税法规定该类无形资产的摊销年限、摊销方法及净残值与会计相同。2019 年年末该项无形资产未发生减值，则下列说法中不正确的有（　　）。

A. 2019 年 7 月 1 日该项无形资产的账面价值为 30 万元

B. 2019 年 7 月 1 日该项无形资产的计税基础为 24 万元

C. 2019 年 12 月 31 日该项无形资产的账面价值为 23. 6 万元

D. 2019 年 12 月 31 日该项无形资产的计税基础为 23. 6 万元

三、判断

1. 所得税准则规范的是资产负债表中递延所得税资产和递延所得税负债的确认和计量。（　　）

2. 资产的计税基础，是指企业收回资产账面价值的过程中，计算应纳税所得额时按照税法规定可以自应税经济利益中抵扣的金额。（　　）

3. 除内部研究开发形成的无形资产外，以其他方式取得的无形资产，初始确认时其入账价值与税法上规定的成本之间一般不存在差异。（　　）

4. 以公允价值计量且其变动计入其他综合收益的金融资产公允价值下降应确认的递延所得税资产对应所得税费用。（　　）

5. 企业因提供债务担保而确认的预计负债的计税基础为 0。（　　）

6. 一般情况下，对于应付职工薪酬，其计税基础为账面价值减去在未来期间可予税前扣除的金额 0 之间的差额，即账面价值等于计税基础。（　　）

7. 已支付的广告费用中超标部分计税基础为超过标准部分。（　　）

8. 因适用税收法规的变化，导致企业在某一会计期间适用的所得税税率发生变化的，企业应对已确认的递延所得税资产和递延所得税负债进行重新计量。（　　）

9. 暂时性差异，是指资产或负债的账面价值与其计税基础不同产生的差额。（　　）

10. 若资产的账面价值大于计税基础，则形成可抵扣暂时性差异。（　　）

四、业务分析

1. 甲公司为上市公司，所得税采用资产负债表债务法核算，适用的所得税税率为 25%。2019 年 12 月 31 日甲公司某项专利权出现减值迹象，预计可收回金额为 108 万元。该专利权自 2013 年年初开始自行研究开发，2017 年发生相关研发支出 105 万元，符合资本化条件前发生的研究和开发支出 45 万元，符合资本化条件后发生的开发支出为 60 万元；2018 年至无形资产达到预定用途前发生开发支出 160 万元（全部符合资本化条件），2018 年 7 月 1 日专利技术获得成功达到预计用途并专门用于生产 A 产品。申请专利权发生注册费用 7. 5 万元，为运行该项无形资产发生培训支出 8 万元。甲公司预计运用该项专利权生产的产品在未来 10 年内会为企业带来经济利益。乙公司向甲公司承诺在 5 年后以 45

万元（不含增值税）购买该项专利权。甲公司管理层计划在5年后将其出售给乙公司。甲公司采用直线法摊销无形资产，无残值，假定税法的折旧政策与会计规定相同。

要求：

（1）根据上述资料，计算甲公司2018年形成无形资产的账面价值及计税基础并编制相关会计分录。

（2）根据上述资料，计算甲公司2019年年末无形资产计提减值准备的金额及计税基础并编制相关会计分录。

（答案中的金额单位用万元表示，计算结果保留两位小数）

2. 甲公司对于所得税采用资产负债表债务法进行核算，适用的所得税税率为25%。2019年1月2日，甲公司以银行存款从证券市场上购入长江上市公司股票20 000万股，每股购入价为10元，另支付相关税费600万元，占长江公司股份的15%，不能够对长江公司施加重大影响。2019年1月2日，长江公司可辨认净资产公允价值与其账面价值相等。长江公司2019年实现净利润5 000万元，未分派现金股利，无其他所有者权益变动。甲公司没有近期内出售该项股权的计划。2019年12月31日，长江公司股票每股市价为13元。

要求：

（1）分析判断甲公司取得长江公司的股票投资应确认为哪类金融资产，并说明理由。

（2）编制上述经济业务相关的会计分录。

（答案中的金额单位用万元表示）

3. 甲公司是一家在深圳交易所挂牌交易的上市公司，适用的所得税税率为25%，采用资产负债表债务法核算企业所得税。2019年1月1日递延所得税资产余额（全部为存货项目计提的跌价准备）为25万元；递延所得税负债余额（全部为交易性金融资产项目的公允价值变动）为15万元。根据税法规定自2020年1月1日起甲公司认定为高新技术企业，同时该公司适用的所得税税率变更为15%。该公司2019年实现的税前利润总额为5 090万元，涉及所得税的交易或事项如下：

（1）年末存货的余额为400万元，可变现净值为360万元。根据税法规定，转回的存货跌价准备不计入应纳税所得额。

（2）年末交易性金融资产的账面价值为420万元，其中成本220万元、累计公允价值变动200万元。根据税法规定，交易性金融资产公允价值变动收益不计入应纳税所得额。

（3）2019年6月20日，甲公司因违反税收的规定被税务部门处以10万元罚款，罚款未支付。税法规定，企业违反国家法规所支付的罚款不允许在税前扣除。

（4）2019年10月5日，甲公司自证券市场购入某股票，支付价款200万元（假定不考虑交易费用）。甲公司将该股票作为以公允价值计量且其变动计入其他综合收益的金融资产核算。12月31日，该股票的公允价值为250万元。假定税法规定，以公允价值计量且其变动计入其他综合收益的金融资产持有期间公允价值变动金额及减值损失不计入应纳税所得额，待出售时一并计入应纳税所得额。

（5）2019 年 12 月 10 日，甲公司被乙公司提起诉讼，要求其赔偿未履行合同造成的经济损失。12 月 31 日，该诉讼尚未审结。甲公司预计很可能支出的金额为 100 万元。税法规定，该诉讼损失在实际发生时允许在税前扣除。

（6）其他资料：

假定甲公司预计在未来期间有足够的应纳税所得额用于抵扣可抵扣暂时性差异。

要求：

（1）根据上述资料，计算 2019 年年末甲公司各项目的暂时性差异金额，计算结果填列在下列表格中。

项目	账面价值	计税基础	可抵扣暂时性差异	应纳税暂时性差异
存货				
交易性金融资产				
其他应付款				
其他权益工具投资				
预计负债				

（2）计算甲公司 2019 年应纳税所得额和应交所得税。

（3）计算甲公司 2019 年应确认的递延所得税资产、递延所得税负债和所得税费用。

（4）编制甲公司 2019 年确认所得税费用的相关会计分录。

（答案中的金额单位用万元表示）

项目十七　财务报告

一、单项选择

1. 关于财务报告的说法中，下列各项中正确的是（　　）。

A. 反映企业管理层受托责任履行情况

B. 向投资者提供有关会计信息，帮助投资者做出经济决策

C. 外部使用者主要包括投资者、债权人、政府及其有关部门、社会公众和内部管理者等

D. 满足管理者的信息需要是企业财务报告的首要出发点

2. “预付账款”科目明细账中若有贷方余额，应将其计入资产负债表中的（　　）项目。

A. 应收账款　　B. 预收账款

C. 应付账款　　D. 其他应付款

3. 某公司年末结账前“应收账款”科目所属明细科目中有借方余额 50 000 元，贷方余额 20 000 元；“应收票据”科目无余额；“预付账款”科目所属明细科目中有借方余额 13 000元，贷方余额 5 000 元；“应付票据”科目无余额；“应付账款”科目所属明细科目中有借方余额 50 000 元，贷方余额 120 000 元；“预收账款”科目所属明细科目中有借方余额 3 000 元，贷方余额 10 000 元；“坏账准备”科目余额为 0。则年末资产负债表中“应收账款”项目和“应付账款”项目的期末数分别为（　　）。

A. 30 000 元和 70 000 元　　B. 53 000 元和 125 000 元

C. 63 000 元和 53 000 元　　D. 47 000 元和 115 000 元

4. 资产负债表中的“未分配利润”项目，应根据（　　）填列。

A.“利润分配”科目余额

B.“本年利润”科目余额

C.“本年利润”和“利润分配”科目的余额计算后

D.“盈余公积”科目余额

5. 下列资产负债表项目中，不可以直接根据总分类账户期末余额填列的项目是（　　）。

A. 资本公积　　B. 短期借款

C. 长期借款　　D. 实收资本

6. 某企业 2019 年主营业务收入为 1 000 万元，其他业务收入 100 万元，2019 年应收账款的年初数为 150 万元，期末数为 120 万元，2019 年发生坏账 10 万元，计提坏账准备 12 万元。根据上述资料，该企业 2019 年“销售商品收到的现金”为（　　）万元。

A. 1 118　　B. 1 108

C. 1 142　　D. 1 132

7. 下列项目中不应列入资产负债表中“存货”项目的是（　　）。

A. 委托代销商品　　B. 分期收款发出商品

C. 工程物资　　D. 生产成本

8. 某企业 2019 年 12 月 31 日固定资产账户余额为 2 000 万元，累计折旧账户余额为 800 万元，固定资产减值准备账户余额为 100 万元，在建工程账户余额为 200 万元。该企业 2019 年 12 月 31 日资产负债表中固定资产项目的金额为（　　）万元。

A. 1 200　　B. 90

C. 1 100　　D. 2 200

9. 现金流量表是以（　　）为基础编制的会计报表。

A. 权责发生制　　B. 收付实现制

C. 应收应付制　　D. 费用配比制

10. 下列属于“投资活动现金流量”的是（　　）。

A. 取得短期借款 3 000 元存入银行　　B. 向股东分配现金股利 2 000 元

C. 销售商品 10 000 元，款项存入银行　　D. 用存款购买机器一台 5 000 元

二、多项选择

1. 根据现行会计制度的规定，下列各项中，属于企业经营活动产生的现金流量的有（　　）。

A. 收到的出口退税款

B. 收到长期股权投资的现金股利

C. 转让无形资产所有权取得的收入

D. 出租无形资产使用权取得的收入

2. 下列交易或事项产生的现金流量中，属于投资活动产生的现金流量的有（　　）。

A. 购建固定资产支付的耕地占用税

B. 为购建固定资产支付的已资本化的利息费用

C. 因火灾造成固定资产损失而收到的保险赔款

D. 融资租赁方式租入固定资产所支付的租金

3. 甲公司当期发生的交易或事项中，会引起现金流量表中筹资活动产生的现金流量发生增减变动的有（　　）。

A. 接受现金捐赠

B. 向投资者分派现金股利 300 万元

C. 收到投资企业分来的现金股利 500 万元

D. 发行股票时由证券商支付的股票印刷费用

4. 资产负债表中的预付账款项目应根据（　　）填列。

A. 应付账款所属明细账贷方余额合计

B. 预付账款所属明细账借方余额合计

C. 应付账款总账余额

D. 应付账款所属明细账借方余额合计

5. 下列资产中，属于流动资产的有（　　）。

A. 交易性金融资产

B. 一年内到期的非流动资产

C. 货币资金

D. 开发支出

6. 在采用间接法将净利润调节为经营活动的现金流量时，下列各调整项目中，属于调增项目的是（　　）。

A. 存货的减少

B. 递延所得税资产减少额

C. 计提的坏账准备

D. 经营性应付项目的减少

7. 将净利润调节为经营活动产生的现金流量时，下列各调整项目中，属于调减项目的有（　　）。

A. 投资收益

B. 递延所得税负债增加额

C. 长期待摊费用的增加

D. 固定资产报废损失

8. 下列交易和事项中，不影响当期经营活动产生的现金流量的有（　　）。

A. 用产成品偿还短期借款

B. 支付管理人员工资

C. 收到被投资单位利润

D. 支付各项税费

9. 现金流量表中“支付给职工以及为职工支付的现金”项目应反映的内容有

( )。

A. 企业为离退休人员支付的统筹退休金

B. 企业为经营管理人员支付的困难补助

C. 支付的在建工程人员的工资

D. 支付的行政管理人员的工资

10. 下列交易或事项产生的现金流量中，属于投资活动产生的现金流量的有（ ）。

A. 为购建固定资产支付的耕地占用税

B. 转让一项专利权，取得价款 200 万元

C. 因火灾造成固定资产损失而收到的保险赔款

D. 融资租赁方式租入固定资产所支付的租金

三、判断

1. 企业必须对外提供资产负债表、利润表和现金流量表，会计报表附注可以不对外提供。（ ）

2. 资产负债表中的“应收账款”项目，应根据“应收账款”和“预付账款”科目所属明细科目的借方余额合计数填列。（ ）

3. 现金流量表中的“现金”即为货币资金。（ ）

4. “利润分配”总账的年末余额一定与资产负债表中未分配利润项目的数额一致。（ ）

5. 现金流量表只能反映企业与现金有关的经营活动、投资活动和筹资活动。（ ）

6. 企业在编制现金流量表时，对企业为职工支付的住房公积金、为职工缴纳的商业保险金、社会保障基金等，应按照职工的工作性质和服务对象分别在经营活动和投资活动产生的现金流量有关项目中反映。（ ）

7. 企业购入 3 个月内到期的国债，会减少企业投资活动产生的现金流量。（ ）

8. 资产负债表中的资产类应分别流动资产和非流动资产项目列示，非流动资产在前，流动资产在后。（ ）

9. 投资收益不影响营业利润。（ ）

10. 企业以发行股票方式筹集资金过程中直接支付的评估、审计、咨询等费用在“吸收投资收到的现金”项目中扣除。（ ）

四、业务分析

1. 长江公司 2019 年 12 月 31 日有关账户的余额如下：

应收账款——A 24 000 元（贷方）

——B 21 000 元（借方）

——C 35 000 元（贷方）

——D 17 000 元（借方）

预收账款——E 16 000 元（借方）

——F 25 000 元（贷方）

预付账款——G 42 000 元（贷方）

——H 31 000 元（借方）

要求：计算填列资产负债表中以下项目：

（1）“应收账款”项目

（2）“应付账款”项目

（3）“预收账款”项目

（4）“预付账款”项目

2. 纵通公司 2019 年 1 月 1 日至 12 月 31 日损益类科目累计发生额如下：

主营业务收入 3 750 万元（贷方）　主营业务成本 1 375 万元（借方）

税金及附加 425 万元（借方）　销售费用 500 万元（借方）

管理费用 250 万元（借方）　财务费用 250 万元（借方）

投资收益 500 万元（贷方）　营业外收入 250 万元（贷方）

营业外支出 200 万元（借方）　其他业务收入 750 万元（贷方）

其他业务支出 450 万元（借方）　所得税费用 600 万元（借方）

要求：计算该公司 2019 年的营业利润、利润总额和净利润。

3. 黄河公司为增值税一般纳税人。该企业 2019 年各科目的期初余额和 2019 年度发生的经济业务如下：

2019 年 1 月 1 日有关科目余额如下表所示：

科目名称	借方余额	贷方余额
货币资金	6 000	
交易性金融资产	3 000	
应收账款	6 000	
原材料	12 000	
固定资产	21 000	
累计折旧		6 000
在建工程	15 000	
应交税费		6 000
长期借款		21 000

续表

科目名称	借方余额	贷方余额
实收资本		18 000
盈余公积		12 000

该企业 2019 年度发生的经济业务如下：

（1）用银行存款支付购入原材料货款 3 000 元及增值税 390 元，材料已验收入库。

（2）2019 年度，企业的长期借款发生利息费用 1 500 元。按新准则中借款费用资本化的规定，计算出工程应负担的长期借款利息费用为 600 元，其他利息费用 900 元，利息尚未支付。

（3）企业将账面价值为 3 000 元的股票投资售出，获得价款 6 000 元，已存入银行。

（4）购入不需安装的设备 1 台，设备价款 9 000 元（假定不考虑增值税），设备价款已用银行存款支付，设备已经交付使用。

（5）本年计提固定资产折旧 4 500 元，其中：厂房及生产设备折旧 3 000 元，办公用房及设备折旧 1 500 元。

（6）实际发放职工工资 6 000 元，并将其分配计入相关成本费用项目。其中，生产人员工资 3 000 元，管理人员工资 1 500 元，在建工程应负担的人员工资 1 500 元。本年产品生产耗用原材料 12 000 元。产品全部完工，计算产品生产成本并将其结转库存商品科目。假设 2 018 年度生产成本科目无年初年末余额。

（7）销售产品一批，销售价款 30 000 元，应收取的增值税为 3 900 元。已收款项 17 250元，余款尚未收取。该批产品成本为 18 000 元。

（8）将各收支科目结转本年利润。

（9）假设本年企业不交所得税，不提取盈余公积，没有利润分配。本年利润余额全部转入“利润分配——未分配利润”科目。

要求：（1）编制上述各项经济业务的会计分录。

（2）编制该企业 2019 年度的资产负债表和利润表。

4. 甲企业和乙企业均为增值税一般纳税工业企业，其有关资料如下：

（1）甲企业销售的产品、材料均为应纳增值税货物，增值税税率 13%，产品、材料销售价格中均不含增值税。

（2）甲企业材料和产品均按实际成本核算，其销售成本随着销售同时结转。

（3）乙企业为甲企业的联营企业，甲企业对乙企业的投资占乙企业有表决权资本的 25%，甲企业对乙企业的投资按权益法核算。

（4）甲企业2019年1月1日有关科目余额如下：

科目名称	借方余额	科目名称	贷方余额
库存现金	500	短期借款	300 000
银行存款	400 000	应付票据	50 000
应收票据	30 000	应付账款	180 000
应收账款	200 000	应付职工薪酬	5 000
坏账准备	-1 000	应交税费	12 000
其他应收款	200	长期借款	1 260 000
原材料	350 000	实收资本	2 000 000
周转材料	30 000	盈余公积	120 000
库存商品	80 000	利润分配（未分配利润）	7 700
长期股权投资—乙企业	600 000		
固定资产	2 800 000		
累计折旧	-560 000		
无形资产	5 000		
合计	3 934 700	合计	3 934 700

（5）甲企业2019年度发生如下经济业务：

①购入原材料一批，增值税专用发票上注明的增值税税额为39 000元，原材料实际成本300 000元。材料已经到达，并验收入库。企业开出商业承兑汇票。

②销售给乙企业一批产品，销售价格40 000元，产品成本32 000元。产品已经发出，开出增值税专用发票，款项尚未收到（除增值税以外，不考虑其他税费）。甲企业销售该产品的销售毛利率为20%。

③对外销售一批原材料，销售价格26 000元，材料实际成本18 000元。销售材料已经发出，开出增值税专用发票。款项已经收到，并存入银行（除增值税以外，不考虑其他税费）。

④出售一台不需用设备给乙企业，设备账面原价150 000元，已提折旧24 000元，出售价格180 000元。出售设备价款已经收到，并存入银行。甲企业出售该项设备的毛利率为30%（假设出售该项设备不需交纳增值税等有关税费）。乙公司购入该项设备用于管理部门，本年度提取该项设备的折旧18 000元。

⑤按应收账款年末余额的5‰计提坏账准备。

⑥用银行存款偿还到期应付票据20 000元，交纳所得税2 300元。

⑦乙企业本年实现净利润 280 000 元，甲企业按投资比例确认其投资收益。

⑧摊销无形资产价值 1 000 元，计提管理用固定资产折旧 8 766 元。

⑨本年度所得税费用和应交所得税为 42 900 元，实现净利润 87 100 元，计提盈余公积 8 710 元。

要求：

（1）编制甲企业的有关经济业务会计分录（各损益类科目结转本年利润以及与利润分配有关的会计分录除外。除“应交税费”科目外，其余科目可不写明细科目）。

（2）填列甲企业 2019 年 12 月 31 日资产负债表的年末数（填入下表）。

资产负债表

会企 01 表

编制单位： 年 月 日 单位：元

资产	期末余额	年初余额	负债及所有者权益（或股东权益）	期末余额	年初余额
流动资产：			流动负债：		
货币资金			短期借款		
交易性金融资产			交易性金融负债		
衍生金融资产			衍生金融负债		
应收票据			应付票据		
应收账款			应付账款		
预付款项			预收款项		
其他应收款			合同负债		
存货			应付职工薪酬		
合同资产			应交税费		
持有待售资产			其他应付款		
一年内到期的非流动资产			持有待售负债		
其他流动资产			一年内到期的非流动负债		
流动资产合计			其他流动负债		
非流动资产：			流动负债合计		
债权投资			非流动负债：		
其他债权投资			长期借款		
长期应收款			应付债券		

续表

资产	期末余额	年初余额	负债及所有者权益（或股东权益）	期末余额	年初余额
长期股权投资			其中：优先股		
其他权益工具投资			永续债		
其他非流动金融资产			租赁负债		
投资性房地产			长期应付款		
固定资产			预计负债		
在建工程			递延收益		
生产性生物资产			递延所得税负债		
使用权资产			其他非流动负债		
油气资产			非流动负债合计		
无形资产			负债合计		
开发支出			所有者权益（或股东权益）：		
商誉			实收资本（或股本）		
长期待摊费用			其他权益工具		
递延所得税资产			其中：优先股		
其他非流动资产			永续债		
非流动资产合计			资本公积		
			减：库存股		
			其他综合收益		
			盈余公积		
			未分配利润		
			所有者权益（或股东权益）合计		
资产总计			负债和所有者权益（或股东权益）总计		

5. 某商业企业为增值税一般纳税企业，适用的增值税率为 13% 。2019 年有关资料如下：

（1）资产负债表有关账户年初、年末余额和部分账户发生额如下表（单位：万元）：

账户名称	年初余额	本年增加	本年减少	年末余额
应收账款	2 925			5 031
交易性金融资产	300		100（出售）	200
其他应收款（其中：应收股利）	20	30		10
存货	2 500			2 400
长期股权投资	500	200 （以固定资产投资）		700
应付账款	1 755			2 340
应交税费				
应交增值税	250		302（已交） 408（进项税额）	180
应交所得税	30	100		40
短期借款	600	400		700

（2）利润表有关账户本年发生额如下表（单位：万元）：

账户名称	借方发生额	贷方发生额
主营业务收入		4 000
主营业务成本	2 500	
投资收益		
现金股利		10
出售交易性金融资产		20

（3）其他有关资料如下：

交易性金融资产均为非现金等价物；出售交易性金融资产已收到现金；应收、应付款项均以现金结算；应收账款变动数中含有本期计提的坏账准备 100 万元。不考虑该企业本年度发生的其他交易和事项。

要求：计算以下项目现金流入和流出（要求列出计算过程）。

（1）销售商品、提供劳务收到的现金（含收到的增值税销项税额）。

（2）购买商品、接受劳务支付的现金（含支付的增值税进项税额）。

（3）支付的各项税费。

（4）收回投资收到的现金。

（5）分得股利或利润收到的现金。

（6）借款收到的现金。

（7）偿还债务支付的现金。

第二部分
财务会计模拟试卷

财务会计模拟试卷（一）

一、单项选择题（共20题，每小题1.5分，共30分）

1. 下列不应确认为营业外支出的是（　　）。

A. 公益性捐赠支出　　B. 无形资产报废损失

C. 固定资产盘亏损失　　D. 固定资产减值损失

2. 商业汇票的付款期限一般不得超过（　　）。

A. 1个月　　B. 3个月

C. 6个月　　D. 12个月

3. 下列各项中，不符合资产会计要素定义的是（　　）。

A. 原材料　　B. 委托加工物资

C. 盘亏的固定资产　　D. 尚待加工的半成品

4. 企业对随同商品出售而不单独计价的包装物进行会计处理时，该包装物的实际成本应结转到（　　）。

A. “制造费用”科目　　B. “管理费用”科目

C. “销售费用”科目　　D. “其他业务成本”科目

5. 下列各项中，不属于所有者权益的是（　　）。

A. 资本溢价　　B. 盈余公积

C. 投资者投入的资本　　D. 应付高管人员基本薪酬

6. 企业对一条生产线进行更新改造。该生产线的原价为120万元，已提折旧为60万元。改造过程中发生支出30万元，被替换部分的账面价值15万元。该生产线更新改造后的成本为（　　）万元。

A. 65　　B. 75

C. 135　　D. 150

7. 企业用于出租的无形资产的摊销，应计入（　　）。

A. 其他业务成本　　B. 管理费用

C. 销售费用　　D. 营业外支出

8. 下列不属于期间费用的是（　　）。

A. 管理费用　　B. 制造费用

C. 财务费用　　D. 销售费用

9. 某公司短期借款利息采用月末预提的方式核算，按季支付。则下列预提短期借款利息的分录，正确的为（　　）。

A. 借：财务费用
　　贷：银行存款

B. 借：财务费用
　　贷：应付利息

C. 借：管理费用
　　贷：银行存款

D. 借：管理费用
　　贷：应付利息

10. 固定资产采用加速折旧法折旧，体现了（　　）原则。

A. 可比性　　B. 谨慎性

C. 重要性　　D. 及时性

11. 我国企业资产负债表采用（　　）结构

A. 报告式　　B. 单步式

C. 账户式　　D. 多步式

12. 下列税金，不计入存货成本的是（　　）。

A. 一般纳税企业进口原材料支付的关税

B. 一般纳税企业购进原材料支付的增值税

C. 小规模纳税企业购进原材料支付的增值税

D. 一般纳税企业进口应税消费品支付的消费税

13. 下列各项中，应计入“其他业务收入”账户的是（　　）。

A. 销售材料取得的收入

B. 接受捐赠收到的现金

C. 报废专利权取得的净收益

D. 报废自用房产取得的净收益

14. 2019 年 8 月 1 日，某企业开始研究开发一项新技术，当月共发生研发支出 800 万元，其中，费用化的金额 650 万元，符合资本化条件的金额 150 万元。8 月末，研发活动尚未完成。该企业 2018 年 8 月应计入当期损益的研发支出为（　　）万元。

A. 0　　B. 150

C. 650　　D. 800

15. 下列各项中，不属于企业流动负债的是（　　）。

A. 预收购货单位的款项

B. 预付采购材料款

C. 应付采购商品货款

D. 购买材料开出的商业承兑汇票

16. 确立会计核算空间范围所依据的会计基本假设是（　　）。

A. 会计主体　　B. 持续经营

C. 会计分期　　D. 货币计量

17. 预付货款业务不多的企业，可以不设置“预付账款”账户，其预付货款时直接计入的账户是（　　）。

A. 应收账款　　B. 应付账款

C. 预收账款　　D. 其他应收款

18. 某企业 2019 年 12 月 31 日固定资产账户余额为 3 000 万元，累计折旧账户余额为 1 000 万元，固定资产减值准备账户余额为 100 万元。该企业 2019 年 12 月 31 日资产负债表中固定资产项目的金额为（　　）万元。

A. 1 900　　B. 2 900

C. 2 100　　D. 2 000

19. 下列各项中，不属于留存收益的是（　　）。

A. 资本溢价　　B. 任意盈余公积

C. 未分配利润　　D. 法定盈余公积

20. 采用支付手续费方式委托代销商品时，委托方应将支付的手续费记入（　　）科目。

A. 管理费用　　B. 财务费用

C. 销售费用　　D. 其他业务成本

二、多项选择题（共 10 题，每小题 2 分，共 20 分）

1. 下列各项中，应通过其他货币资金核算的是（　　）。

A. 信用卡存款

B. 存出投资款

C. 银行汇票存款

D. 外埠存款

2. 以下属于企业存货的有（　　）。

A. 包装物　　B. 库存商品

C. 受托加工物资　　D. 在产品

3. 反映企业经营成果的要素有（　　）。

A. 利润　　B. 费用

C. 收入　　D. 所有者权益

4. 以下属于企业无形资产的有（　　）。

A. 土地使用权　　B. 商誉

C. 非专利技术　　D. 商标权

5. 以下计入“税金及附加”账户核算的税费有（　　）。

A. 企业所得税　　B. 城市维护建设税

C. 增值税　　D. 教育费附加

6. 下列科目中期末余额应转入本年利润的有（　　）。

A. 财务费用　　B. 主营业务收入

C. 营业外收入　　D. 制造费用

7. 下列各项中，应计入资本公积的有（　　）。

A. 对外进行的公益性捐赠

B. 投资者超额投入的资本

C. 股票发行的溢价

D. 长期股权投资权益法下，因被投资单位除净损益、其他综合收益和利润分配以外的所有者权益其他变动

8. 下列各项中，应计入应付职工薪酬的有（　　）。

A. 为职工支付的培训费

B. 为职工支付的补充养老保险

C. 因解除职工劳动合同支付的补偿款

D. 为职工进行健康检查而支付的体检费

9. 下列属于企业财务报表的有（　　）。

A. 试算平衡表　　B. 利润表

C. 现金流量表　　D. 资产负债表

10. 下列各项中，属于费用的有（　　）。

A. 税金及附加　　B. 销售费用

C. 管理费用　　D. 营业外支出

三、判断题（共10题，每小题1分，共10分）

1. 甲公司收到某投资者作为资本投入的银行存款820万元，在注册资本中所占的份额为800万元，则该业务计入甲公司资本公积的金额为20万元。（　　）

2. 无法查明原因的现金溢余，根据管理权限报经批准后，借记“待处理财产损溢——待处理流动资产损溢”账户，贷记“管理费用”账户。（　　）

3. 企业收到的押金应通过“其他应收款”账户核算。（　　）

4. 将企业拥有的房屋无偿提供给职工使用的，应当根据受益对象，将该住房每期应计提的折旧计入相关资产成本或当期损益，借记“管理费用”“生产成本”“制造费用”等科目，贷记“累计折旧”科目。（　　）

5. 原材料采用计划成本法核算的，购入的材料无论是否验收入库，均需先通过“材料采购”科目进行核算。（　）

6. 生产车间的固定资产修理费计入制造费用。（　）

7. 资产负债表日，当存货成本低于可变现净值时，存货按成本计价，当可变现净值低于成本时，存货按可变现净值计价。（　）

8. 企业用盈余公积补亏时，借记“盈余公积”账户，贷记“利润分配”账户。（　）

9. 企业当年可供分配的利润，应该等于年初未分配利润，加上当年实现的净利润以及其他转入。（　）

10. 企业缴纳本月的增值税，应借记“应交税费——未交增值税”，贷记“银行存款”。（　）

四、业务分析题（共 2 题，每小题 6 分，共 12 分）

1. 丙公司 2019 年 12 月 1 日结存存货 3 000 千克，单价 4 元。2019 年 1 月份发生下列存货收发业务：

（1）2 日，购进 2 000 千克，单价 3 元。

（2）6 日，领用 1 000 千克。

（3）10 日，购进 6 000 千克，单价 3. 5 元。

（4）12 日，领用 5 000 千克。

（5）23 日，购进 9 000 千克，单价 3 元。

（6）30 日，领用 5 000 千克。

要求：采用先进先出法，计算丙公司 2019 年 12 月份发出存货的成本和期末结存存货的成本。

2. 2018 年 12 月 1 日，甲公司购入一项固定资产，该固定资产原价为 2 000 万元，预计使用年限为 5 年，预计净残值为 20 万元。

要求：

（1）采用年限平均法计算 2019 年的折旧额；

（2）采用年数总和法计算 2019 年的折旧额。

五、业务题（共 3 题，第 1 题 8 分，第 2 题 10 分，第 3 题 10 分，共 28 分）

1. 甲股份有限公司年初未分配利润为 10 万元，本年实现净利润 200 万元，本年提取法定盈余公积 20 万元，向股东宣告发放现金股利 80 万元，假定不考虑其他因素。

要求：

（1）编制甲公司结转本年利润的会计分录；

（2）编制甲公司提取法定盈余公积的会计分录；

（3）编制甲公司宣告发放现金股利的会计分录；

（4）计算甲公司年末未分配利润。（不需要做结转利润分配明细账户的相关账务处理）

2. 远超公司采用“应收账款余额百分比法”核算坏账损失，该企业2017年年末坏账准备贷方余额为4 000元，坏账准备的提取比率为2%，有关资料如下：

（1）2018年发生坏账9 000元，其中甲企业3 000元、乙企业6 000元；

（2）2018年年末应收账款余额为150 000元；

（3）2019年，上年已确认为坏账的甲企业应收账款3 000元又收回；

（4）2019年年末应收账款余额为100 000元。

要求：编制远超公司上述4笔业务的会计分录。

3. 光明公司为增值税一般纳税人，存货采用计划成本法核算，2019年12月发生下列业务：

（1）购入原材料一批，价款50 000元，增值税6 500元，运费1 000元，增值税100元，所有款项通过银行转账支付。

（2）上述材料验收入库，入库数量为5 000千克，该材料计划成本为10.5元/千克。

（3）领用一批外购原材料用于集体福利，该批材料的实际成本为10 000元，相关增值税专用发票上注明的增值税额为1 300元。

（4）销售A产品一批，售价100 000元，增值税13 000元，收到一张面额为113 000的商业承兑汇票。

（5）以公司生产的产品对外捐赠，该批产品的实际成本为200 000万元，售价为300 000万元，开具的增值税专用发票上注明的增值税额为39 000元。

要求：编制光明公司上述5笔业务的会计分录。（应交税费需写出明细账户）

财务会计模拟试卷（二）

一、单项选择题（共 20 题，每小题 1.5 分，共 30 分）

1. 下列交易或事项中，应确认为流动负债的是（　　）。

A. 企业向银行借入五年期借款，借款已到账

B. 企业拟于 3 个月后购买设备一台，款项未付

C. 企业计划购买 A 公司发行的五年期债券

D. 企业与客户签订合同销售一批家电产品，预收货款已到账

2. 下列关于应付票据会计处理的说法中，不正确的是（　　）。

A. 企业到期无力支付的商业承兑汇票，应按账面余额转入“短期借款”

B. 企业支付的银行承兑汇票手续费，记入当期“财务费用”

C. 企业到期无力支付的银行承兑汇票，应按账面余额转入“短期借款”

D. 企业开出商业汇票，应当按其票面金额作为应付票据的入账金额

3. 甲企业向丙公司销售产品 1 000 件，单价为 300 元，适用的增值税率为 13%，产品交付并办妥托收手续。规定的现金折扣条件为 2/20，N/30，假定计算现金折扣时不考虑增值税。丙公司于第 20 天付款，甲企业实际收到的款项金额为（　　）元。

A. 341 040　　　　B. 300 000

C. 333 000　　　　D. 339 000

4. 下列会计处理方法中，符合权责发生制基础的是（　　）。

A. 销售产品的收入只有在收到款项时才予以确认

B. 产品已销售，货款未收到也应确认收入

C. 厂房租金只有在支付时计入当期费用

D. 职工薪酬只能在支付给职工时计入当期费用

5. 甲企业对一条生产线进行改扩建，该生产线原价为 1 000 万元，已计提折旧为 300 万元，扩建生产线发生相关支出为 800 万元，满足固定资产确认条件，则改建后生产线的入账价值为（　　）万元。

A. 500　　　　B. 1 000

C. 1 200　　　　D. 1 500

6. 下列各项中，关于企业固定资产清查的会计处理的表述不正确的是（　　）。

A. 盘盈固定资产应作为前期差错处理

B. 盘盈的固定资产，应按重置成本确定入账价值

C. 盘盈的固定资产应通过“以前年度损益调整”科目进行核算

D. 盘亏的固定资产应通过“固定资产清理”科目进行核算

7. 企业从应付职工工资中代扣的职工房租，应借记的会计科目是（　　）。

A. 应付职工薪酬　　B. 管理费用

C. 其他应收款　　D. 其他应付款

8. 采用支付手续费方式委托代销商品时，委托方应将支付的手续费记入（　　）科目。

A. 管理费用

B. 财务费用

C. 销售费用

D. 其他业务成本

9. 某公司于2019年1月1日向银行借入款项100 000元，期限6个月，年利率6%，到期一次还本，利息按月支付。则该公司2019年1月31日支付利息的分录为（　　）。

A. 借：财务费用 500
　　贷：银行存款 500

B. 借：财务费用 500
　　贷：应付利息 500

C. 借：管理费用 500
　　贷：银行存款 500

D. 借：管理费用 500
　　贷：应付利息 500

10. 下列各项属于“盈余公积”账户贷方核算内容的有（　　）。

A. 企业提取的盈余公积　　B. 企业用盈余公积弥补亏损

C. 企业用盈余公积转增资本　　D. 企业因资本过剩而减资

11. 我国企业利润表采用（　　）结构。

A. 报告式　　B. 单步式

C. 账户式　　D. 多步式

12. 甲公司当月发生的增值税销项税额合计为20 000元，增值税进项税额合计为15 000元，则甲公司当月应交的增值税额为（　　）。

A. 5 000元　　B. 0元

C. 20 000元　　D. −5 000元

13. 下列属于损益类账户的是（　　）。

A. 盈余公积　　B. 资本公积

C. 利润分配　　D. 投资收益

14. 将融资租入的固定资产作为承租方的资产，体现了（　　）原则。

A. 可比性　　B. 谨慎性

C. 重要性　　D. 实质重于形式

15. 某非上市公司为一般纳税人，于设立时接受商品投资，则实收资本的入账金额为（　　）。

A. 评估确认的商品价值加上或减去商品进销差价

B. 商品的市场价值

C. 评估确认的商品价值

D. 商品的公允价值加上进项税额

16. 企业发生的违约金支出应计入（　　）。

A. 营业外支出　　B. 管理费用

C. 销售费用　　D. 其他业务成本

17. 预收货款业务不多的企业，可以不设置“预收账款”科目，其预收货款时，可以通过（　　）科目核算。

A. 应收账款　　B. 应付账款

C. 其他应收款　　D. 应付账款

18. 企业日常经营活动的资金收付通过（　　）账户办理。

A. 基本存款　　B. 专用存款

C. 一般存款　　D. 临时存款

19. 2019 年 12 月 31 日某企业所有者权益情况如下：实收资本 200 万元，资本公积 26 万元，盈余公积 28 万元，未分配利润 59 万元。则企业 2019 年 12 月 31 日留存收益为（　　）万元。

A. 87　　B. 32

C. 38　　D. 70

20. 某企业一笔 6 个月到期的长期借款，应填入的报表项目是（　　）。

A. 短期借款

B. 长期借款

C. 其他长期负债

D. 一年内到期的非流动负债

二、多项选择题（共 10 题，每小题 2 分，共 20 分）

1. 下列各项中，应确认为企业资产的有（　　）。

A. 购入的无形资产

B. 已霉烂变质无使用价值的存货

C. 融资性租入的固定资产

D. 计划在下个月购进的材料

2. 以下属于企业存货的有（　　）。

A. 包装物　　B. 库存商品

C. 受托加工物资　　D. 在产品

3 下列情况下，（　　）可能使企业银行存款日记账余额大于银行对账单余额。

A. 企业已收，银行未收

B. 企业已付，银行未付

C. 银行已收，企业未收

D. 银行已付，企业未付

4. 某企业为增值税一般纳税人，委托其他单位加工应税消费品，该产品收回后继续加工，下列各项中，应计入委托加工物资成本的有（　　）。

A. 发出材料的实际成本

B. 支付给受托方的加工费

C. 支付给受托方的增值税

D. 受托方代收代缴的消费税

5. 下列各项中，属于让渡资产使用权收入的有（　　）。

A. 债券投资取得的利息

B. 出租固定资产取得的租金

C. 股权投资取得的现金股利

D. 转让商标使用权取得的收入

6. 反映企业财务状况的会计要素有（　　）。

A. 资产　　B. 负债

C. 收入　　D. 所有者权益

7. 下列各项中，关于留存收益的表述正确的有（　　）。

A. 法定盈余公积经批准可用于转增资本

B. “未分配利润”明细科目年末借方余额表示累积的亏损额

C. 留存收益包括盈余公积和未分配利润

D. 任意盈余公积可用于发放现金股利

8. 某企业为改进技术自行研究开发一项无形资产。研究阶段发生支出 90 万元，开发阶段发生符合资本化条件的支出 200 万元，不符合资本化条件的支出 100 万元，研发结束形成无形资产。不考虑其他因素，下列各项中，关于上述研发支出的会计处理结果正确的有（　　）。

A. 计入管理费用的金额为 190 万元

B. 无形资产的入账价值为 200 万元

C. 计入制造费用的金额为 200 万元

D. 无形资产的入账价值为 190 万元

9 关于费用的特点，下列说法中正确的有（　　）。

A. 费用是企业在日常活动中发生的经济利益的总流出

B. 费用会导致企业所有者权益的减少

C. 费用与向所有者分配利润无关

D. 费用与向所有者分配利润有关

10. 下列经济业务对于一般纳税人企业而言需计算增值税销项税额的有（　　）。

A. 将自产产品用于集体福利或个人消费

B. 将自产产品对外捐赠

C. 将自产产品用于对外投资

D. 将自产产品对外销售

三、判断题（共 10 题，每小题 1 分，共 10 分）

1. 企业缴纳上月未交的增值税，应借记“应交税费—未交增值税”，贷记“银行存款”。（　　）

2. 无法查明原因的现金溢余，根据管理权限报经批准后，借记“待处理财产损溢——待处理流动资产损溢”账户，贷记“营业外收入”账户。（　　）

3. 非年末资产负债表中的未分配利润的金额是由“本年利润”及“利润分配”科目的余额合计填入；年末，由于“本年利润”已转入“利润分配”，所以年末资产负债表的未分配利润的金额等于“利润分配”科目的余额。（　　）

4. 已确认为坏账的应收账款，意味着企业放弃了其追索权。（　　）

5. 库存现金的限额由企业根据需要自己核定。（　　）

6. 长期借款是企业从银行或者其他金融机构借入的期限在一年以上的借款。（　　）

7. 企业生产工人的社会保险费应计入当期管理费用。（　　）

8. “所得税费用”科目的期末余额应直接转入“未分配利润”科目，结转后本科目应无余额。（　　）

9. 企业出售无形资产和出租无形资产取得的收益，均应作为其他业务收入核算。（　　）

10. 企业的商誉应作为无形资产入账。（　　）

四、业务分析题（共 2 题，第 1 题 6 分，第 2 题 10 分，共 16 分）

1. 甲公司 2019 年 12 月 31 日银行存款日记账余额为 256 000 元，银行对账单余额为 265 000 元，经逐笔核对，发现以下未达账项：

（1）企业与月末存入银行的转账支票2 000元，银行尚未入账。

（2）委托银行代收的销货款12 000元，银行已经收到入账，但企业尚未收到银行收款通知。

（3）银行代付本月水电费4 000元，企业尚未收到银行的付款通知。

（4）企业于月末开出转账支票3 000元，持票人尚未到银行办理转账手续。

要求：根据上述资料编制甲公司2019年12月的银行存款余额调节表。

银行存款余额调节表

2019年12月31日　　　　单位：元

项目	金额	项目	金额
企业账面存款余额		银行对账单余额	
加：银行已代收的销货款 减：银行已代付的电费		加：企业已收、银行未收 减：企业已付、银行未付	
调节后的存款余额		调节后的存款余额	

2. 甲公司2019年12月1日—12月31日，损益类账户的发生额如下：

账户名称	借方累计发生额	贷方累计发生额
主营业务收入		1 990 000
其他业务收入		500 000
主营业务成本	630 000	
其他业务成本	150 000	
税金及附加	780 000	
销售费用	60 000	
管理费用	50 000	
财务费用	170 000	
资产减值损失	50 000	
公允价值变动损益	450 000	
投资收益		850 000
营业外收入		100 000
营业外支出	40 000	
所得税费用	171 600	

要求：计算甲公司12月份利润表以下5个项目：

（1）营业收入

（2）营业成本

（3）营业利润

（4）利润总额

（5）净利润

五、综合业务题（共2题，第1题12分，第2题12分，共24分）

1. 甲企业为增值税一般纳税人。2019年2月6日购入一台需要安装的机器设备，增值税专用发票上注明价款为60 000元，增值税税额为7 800元。该企业开出并经开户银行承兑的商业汇票一张，面值为67 800元、期限5个月。交纳银行承兑手续费35.10元（不考虑相关税费）。2月7日，设备投入安装，发生安装费2 000元，用银行存款支付。2月8日设备安装完毕，交付使用。7月6日商业汇票到期，甲企业以银行存款支付票款。

要求：

（1）编制甲企业上述购入机器设备相关的会计分录；

（2）假设7月6日，甲企业无力偿还票据款。编制甲企业无力支付票款的会计分录。

2. 某企业材料存货采用计划成本法核算，材料入库时同时结转材料成本差异。2019年12月份“原材料”科目的期初余额200 000元，“材料成本差异”科目期初借方余额4 000元，原材料计划成本10元/千克。12月份发生如下经济业务：

（1）10日购进一批原材料，支付材料价款105 000元，材料进项税13 650元，以银行存款支付价税款。

（2）11日上述材料验收入库，入库数量为10 000千克。

（3）25日车间生产产品领用材料20 000千克。

（4）月末结转发出材料的成本差异。

要求：

（1）计算本月材料成本差异率；

（2）计算本月发出材料应分摊的差异额；

（3）编制上述4笔业务的会计分录。

财务会计模拟试卷（三）

一、单项选择题（共 20 题，每小题 1.5 分，共 30 分）

1. 下列不属于企业投资性房地产的是（　　）。

A. 房地产开发企业将作为存货的商品房以经营租赁方式出租

B. 企业开发完成后用于出租的房地产

C. 企业持有并准备增值后转让的土地使用权

D. 房地产企业拥有并自行经营的饭店

2. 自用房地产转换为采用公允价值模式计量的投资性房地产，转换日该房地产公允价值大于账面价值的差额应计入（　　）。

A. 公允价值变动损益　　B. 其他综合收益

C. 营业外收入　　D. 期初留存收益

3. 关于交易性金融资产的计量，下列说法中正确的是（　　）。

A. 应当按取得该金融资产的公允价值和相关交易费用之和作为初始确认金额

B. 应当按取得该金融资产的公允价值作为初始确认金额，相关交易费用在发生时计入当期损益

C. 资产负债表日，企业应当将金融资产的公允价值变动计入当期所有者权益

D. 处置该金融资产时，其公允价值与初始入账金额之间的差额应确认为投资收益，不调整公允价值变动损益

4. 关于金融资产的重分类，下列说法中正确的是（　　）。

A. 交易性金融资产不可以和以摊余成本计量的金融资产进行重分类

B. 交易性金融资产和以公允价值计量且其变动计入其他综合收益的金融资产之间不能进行重分类

C. 以公允价值计量且其变动计入其他综合收益的金融资产可以随意和以摊余成本计量的金融资产进行重分类

D. 交易性金融资产在符合一定条件时可以和以摊余成本计量的金融资产进行重分类

5. 未发生减值的以摊余成本计量的金融资产债权投资如为分期付息、一次还本债券

投资，应于资产负债表日按票面利率计算确定的应收未收利息，借记“应收利息”科目，按该投资期初摊余成本和实际利率计算确定的利息收入，贷记“投资收益”科目，按其差额，借记或贷记（　　）科目。

A. 债权投资（债券溢折价）　　B. 债权投资（成本）

C. 债权投资（应计利息）　　D. 债权投资（利息调整）

6. A、B 两家公司属于非同一控制下的独立公司。A 公司于 2019 年 7 月 1 日以本企业的固定资产对 B 公司投资，取得 B 公司 60%的股份。该固定资产原值 1 500 万元，已计提折旧 400 万元，已提取减值准备 50 万元，7 月 1 日该固定资产公允价值为 1 250 万元。B 公司 2019 年 7 月 1 日所有者权益为 2 000 万元。A 公司该项长期股权投资的成本为（　　）万元。

A. 1 500　　B. 1 050

C. 1 200　　D. 1 250

7. 非企业合并，且以支付现金取得的长期股权投资，应当按照（　　）作为初始投资成本。

A. 实际支付的购买价款

B. 被投资企业所有者权益账面价值的份

C. 被投资企业所有者权益公允价值的份额

D. 被投资企业所有者权益

8. 根据《企业会计准则第 2 号——长期股权投资》的规定，长期股权投资采用权益法核算时，初始投资成本小于应享有被投资单位可辨认资产公允价值份额之间的差额，正确的会计处理是（　　）。

A. 计入投资收益　　B. 冲减资本公积

C. 计入营业外支出　　D. 不调整初始投资成本

9. J 公司 2019 年 9 月 1 日与客户签订了一项工程劳务合同，合同期一年，合同总收入 200 000 元，预计合同总成本 170 000 元，至 2019 年 12 月 31 日，实际发生成本 136 000 元（调整后的金额）。J 公司采用投入法确定履约进度。据此计算，J 公司 2019 年度应确认的劳务收入为（　　）元。

A. 200 000　　B. 170 000

C. 160 000　　D. 136 000

10. 甲公司和乙公司均为增值税一般纳税人，适用的增值税税率为 16%。2019 年 9 月 1 日，甲公司委托乙公司销售 600 件商品，每件商品的成本为 40 元，协议价为每件 68 元。代销协议约定，乙公司在取得代销商品后，无论是否卖出、获利，均与甲公司无关。商品已发出，并且货款已经收付，则甲公司在 2019 年 9 月 1 日应确认收入（　　）元。

A. 0　　B. 40 800

C. 24 000　　　　　　　　　　　　　　D. 20 800

11. 下列各项交易或事项中，会影响发生当期营业利润的有（　　）。

A. 以公允价值模式进行后续计量的投资性房地产持有期间公允价值发生变动

B. 报废固定资产的净损失

C. 开发无形资产时发生符合资本化条件的支出

D. 自营建造固定资产期间处置工程物资取得净收益

12. 对非货币性资产交换的换出资产公允价值与其账面价值的差额，说法错误的有（　　）。

A. 换出资产为存货的，应当作为销售处理，以其公允价值确认收入，同时结转相应的成本。

B. 换出资产为固定资产、无形资产的，换出资产公允价值与其账面价值的差额，计入当期费用

C. 换出资产为长期股权投资的，换出资产公允价值与其账面价值的差额，计入投资损益

D. 换出资产为固定资产、无形资产的，换出资产公允价值与其账面价值的差额，计入资产处置损益

13. 在确定涉及补价的交易是否为非货币性资产交换时，支付补价的企业，应当按照支付的补价占（　　）的比例低于25%确定。

A. 换出资产的公允价值

B. 换出资产公允价值加上支付的补价

C. 换入资产公允价值加补价

D. 换出资产公允价值减补价

14. 2019 年 7 月 5 日，甲公司与乙公司协商进行债务重组，同意免去乙公司前欠账款中的 20 万元，剩余款项在 2019 年 9 月 30 日支付；同时约定，截至 2019 年 9 月 30 日，乙公司如果经营状况好转，现金流量充裕，应再偿还甲公司 12 万元。重组日，甲公司估计这 12 万元届时被偿还的可能性为 70%。2019 年 7 月 5 日，甲公司应确认的债务重组损失为（　　）万元。

A. 8　　　　　　　　　　　　　　　　B. 11.6

C. 20　　　　　　　　　　　　　　　D. 12

15. 2019 年 12 月 10 日，湖南沙沙门业有限公司因合同违约而涉及一桩诉讼案。根据公司的法律顾问判断，最终的判决结果很可能对湖南沙沙门业有限公司不利。2019 年 12 月 31 日，湖南沙沙门业有限公司尚未接到法院的判决，因诉讼须承担的赔偿金额无法准确地确定。不过，据专业人士估计，赔偿金额可能在 100 万元至 120 万元之间（且各金额发生的可能性相同），另需支付承担的诉讼费 2 万元，湖南沙沙门业有限公司应确认的营

业外支出的金额为（　　）万元。

A. 100　　B. 120

C. 110　　D. 112

16. 湖南沙沙门业有限公司2017年年初“预计负债——产品质量保证”余额为0。当年分别销售A、B产品3万件和4万件，销售单价分别为50元和40元。湖南沙沙门业有限公司向购买者承诺产品售后2年内提供免费保修服务，预计保修期内发生的保修费在销售额的2%~8%之间，且该范围内各种结果发生的可能性相同。2017年实际发生产品保修费5万元（已用银行存款支付）。假定无其他或有事项，不考虑其他因素的影响，则湖南沙沙门业有限公司2017年年末资产负债表“预计负债”项目的余额为（　　）万元。

A. 5　　B. 1.2

C. 7.5　　D. 10.5

17. 下列导致固定资产建造中断时间连续超过3个月的事项中，不应暂停借款费用资本化的是（　　）。

A. 劳务纠纷　　B. 安全事故

C. 资金周转困难　　D. 可预测的天气影响

18. 甲公司于2019年7月1日正式动工兴建一栋办公楼，工期预计为2年，工程采用出包方式，甲公司分别于2019年7月1日和10月1日支付工程进度款1 000万元和2 000万元。甲公司为建造办公楼占用了两笔一般借款：①2018年8月1日向某商业银行借入长期借款1 000万元，期限为3年，年利率为6%，按年支付利息，到期还本；②2018年1月1日按面值发行公司债券10 000万元，期限为3年，票面年利率为8%，每年年末支付利息，到期还本。甲公司上述一般借款2019年计入财务费用的金额是（　　）万元。

A. 1 000　　B. 78.2

C. 781.8　　D. 860

19. 西方公司于2018年12月31日取得某项固定资产，其初始入账价值为600万元，使用年限为5年，采用年数总和法计提折旧，预计净残值为0。税法规定对于该项固定资产采用年限平均法计提折旧，折旧年限、预计净残值与会计规定相同。下列关于该固定资产2019年12月31日产生暂时性差异的表述中正确的是（　　）。

A. 产生应纳税暂时性差异80万元　　B. 产生可抵扣暂时性差异80万元

C、产生可抵扣暂时性差异40万元　　D. 不产生暂时性差异

20. 下列属于“投资活动现金流量”的是（　　）。

A. 取得短期借款3 000元存入银行　　B. 向股东分配现金股利2 000元

C. 销售商品10 000元，款项存入银行　　D. 用存款购买机器一台5 000元

二、单项选择题（共 10 题，每小题 2 分，共 20 分）

1. 下列各项应该计入一般企业“其他业务收入”科目的有（　　）。

A. 出售投资性房地产的收入

B. 出租建筑物的租金收入

C. 出售自用房屋的收入

D. 将持有并准备增值后转让的土地使用权予以转让所取得的收入

2. 下列各项中，会引起交易性金融资产账面余额发生变化的有（　　）。

A. 收到原计入应收项目的交易性金融资产的利息

B. 期末交易性金融资产公允价值高于其账面余额的差额

C. 期末交易性金融资产公允价值低于其账面余额的差额

D. 出售交易性金融资产

3. 长期股权投资的权益法的适用范围是（　　）。

A. 投资企业能够对被投资企业实施控制的长期股权投资

B. 投资企业对被投资企业不具有共同控制或重大影响，并且在活跃市场中没有报价、公允价值不能可靠计量的长期股权投资

C. 投资企业对被投资企业具有共同控制的长期股权投资

D. 投资企业对被投资企业具有重大影响的长期股权投资

4. 下列费用中，应当作为管理费用核算的有（　　）。

A. 筹建期间的开办费　　B. 扩大商品销售相关的业务招待费

C. 行政管理部门的固定资产折旧　　D. 工会经费

5. 2019 年 3 月 10 日，甲公司因无力偿还乙公司的 1 000 万元货款，经协商双方进行债务重组。按债务重组协议规定，甲公司用自身普通股股票 400 万股（每股面值 1 元）偿还债务，该股票的公允价值为 900 万元（不考虑相关税费）。乙公司对该应收账款计提了 50 万元的坏账准备。甲公司于 2019 年 4 月 1 日办妥了增资批准手续。关于该项债务重组，下列表述中正确的有（　　）。

A. 债务重组日为 2019 年 3 月 10 日

B. 乙公司因放弃债权而享有股权的入账价值为 900 万元

C. 甲公司应确认债务重组利得 100 万元

D. 乙公司应确认债务重组损失 100 万元

6. 按照企业会计准则规定，下列各项中，属于非货币性资产交换的有（　　）。

A. 以应收票据换取土地使用权

B. 以专利技术换取拥有控制权的股权投资

C. 以长期股权投资换取以摊余成本计量的金融资产

D. 以公允价值计量且其变动计入当期损益的金融资产换取机器设备

7. 下列关于最佳估计数的确定，正确的有（　　）。

A. 所需支出存在一个连续范围（或区间），且该范围内各种结果发生的可能性相同，则最佳估计数应当按照该范围内的中间值，即上下限金额的平均数确定

B. 所需支出不存在一个连续范围，或者虽然存在一个连续范围但该范围内各种结果发生的可能性不相同，涉及单个项目的，按照最可能发生金额确定

C. 所需支出不存在一个连续范围，或者虽然存在一个连续范围但该范围内各种结果发生的可能性不相同，涉及多个项目的，按照各种可能结果及相关概率计算确定

D. 所需支出存在一个连续范围（或区间），且该范围内各种结果发生的可能性相同，则最佳估计数应当按照该范围内的几何平均数计算确定

8. 借款费用资本化必须同时满足的条件有（　　）。

A. 资产支出已经发生

B. 借款费用已经发生

C. 为使资产达到预定可使用或者可销售状态所必要的购建或者生产活动已经开始

D. 已使用借款购入工程物资

9. 现金流量表中“支付给职工以及为职工支付的现金”项目应反映的内容有（　　）。

A. 企业为离退休人员支付的统筹退休金

B. 企业为经营管理人员支付的困难补助

C. 支付的在建工程人员的工资

D. 支付的行政管理人员的工资

10. 下列各项中产生应纳税暂时性差异的有（　　）。

A. 固定资产的账面价值为 500 万元，计税基础为 450 万元

B. 其他权益工具投资的账面价值为 60 万元，计税基础为 30 万元

C. 交易性金融资产的账面价值为 50 万元，计税基础为 100 万元

D. 因产品质量保证计提预计负债的账面价值为 20 万元，计税基础为 0 万元

三、判断题（共 10 题，每小题 1 分，共 10 分）

1. 企业不论在成本模式下，还是在公允价值模式下，投资性房地产取得的租金收入，均确认为其他业务收入。（　　）

2. 金融资产可以在以摊余成本计量、以公允价值计量且其变动计入其他综合收益和以公允价值计量且其变动计入当期损益之间随意进行重分类。（　　）

3. 采用权益法核算的长期股权投资的初始投资成本大于投资时应享有被投资单位可

辨认净资产公允价值份额的，其差额计入长期股权投资中。（　　）

4. 在确定非货币性资产交换是否具有商业实质时，企业不必关注交易各方之间是否存在关联方关系。（　　）

5. 将债务转为资本的债务重组中，债务人应将股份的公允价值总额与股本（或实收资本）之间的差额确认为投资收益。（　　）

6. 或有事项形成的或有资产只有企业基本确定能够收到的情况下，才能转换为真正的资产，从而全部予以确认。（　　）

7. 资本化期间发生的专门借款的利息费用一定资本化。（　　）

8. 以公允价值计量且其变动计入其他综合收益的金融资产公允价值下降应确认的递延所得税资产对应所得税费用。（　　）

9. 资产负债表中的资产类应分别以流动资产和非流动资产项目列示，非流动资产在前，流动资产在后。（　　）

10. 投资收益不影响营业利润。（　　）

四、业务分析题（共 3 题，1 小题 10 分，2 小题 12 分，3 小题 8 分，共 30 分）

1. 甲公司有关交易性金融资产的资料如下：

（1）2019 年 1 月 1 日购入面值总额为 100 万元，票面年利率为 4%的 A 债券，取得时的价款为 104 万元（含已到付息期但尚未领取的利息 4 万元），另支付交易费用 0.2 万元。甲公司将该项金融资产划分为交易性金融资产。

（2）2019 年 1 月 5 日，收到购买时价款中所含的利息 4 万元。

（3）2019 年 12 月 31 日，A 债券的公允价值为 106 万元（不含利息）。

（4）2020 年 1 月 5 日，收到 A 债券 2018 年度的利息。

（5）2020 年 4 月 20 日甲公司出售 A 债券，售价为 108 万元，未发生相关处置费用。

要求：根据上述经济业务编制甲公司的账务处理。

2. 甲股份有限公司（以下简称甲公司）2017—2019 年投资业务有关的资料如下：

（1）2017 年 2 月 1 日，甲公司以银行存款 2 000 万元，购入乙股份有限公司（以下简称乙公司）股票，占乙公司有表决权股份的 30%，对乙公司的财务和经营政策具有重大影响。不考虑相关费用。2017 年 2 月 1 日，乙公司所有者权益总额为 6 000 万元（与公允价值一致）。

（2）2017 年 5 月 2 日，乙公司宣告发放 2016 年度的现金股利 500 万元，并于 2017 年 5 月 26 日实际发放。

（3）2017 年度，乙公司实现净利润 1 200 万元。

（4）2018 年 5 月 2 日，乙公司宣告发放 2017 年度的现金股利 300 万元，并于 2018 年 5 月 20 日实际发放。

（5）2018 年度，乙公司发生净亏损 500 万元。

（6）2018 年度，乙公司由于某项自用房地产转换为投资性房地产的业务增加其他综合收益 200 万元。

（7）2019 年 1 月 5 日甲公司转让对乙公司的全部投资，实得价款 2 500 万元。

假定除上述交易或事项外，乙公司未发生导致其所有者权益发生变动的其他交易或事项。

要求：编制甲公司 2017 年至 2019 年投资业务相关的会计分录。（“长期股权投资”科目要求写出明细科目；答案中的金额单位用万元表示。）

3. 湖南沙沙门业有限公司于 2017 年 2 月 1 日销售给丁公司产品一批，应收价款为 3 000万元，双方约定 4 个月后付款；丁公司因发生财务困难无法按期支付该笔款项。至 2017 年 12 月 31 日湖南沙沙门业有限公司仍未收到款项，湖南沙沙门业有限公司已对该应收账款计提坏账准备 510 万元。2017 年 12 月 31 日，湖南沙沙门业有限公司与丁公司进行债务重组，同意丁公司以一项公允价值为 2 000 万元的机器设备偿还全部债务。丁公司换出固定资产的账面余额为 2 500 万元，累计折旧 800 万元，未计提减值准备。沙沙门业取得的固定资产作为管理用固定资产核算。假设不考虑相关税费。

要求：分别编制湖南沙沙门业有限公司和丁公司债务重组的会计分录。

（答案中的金额单位以万元表示）

五、综合题（共 10 分）

大明企业 2019 年发生的主营业务收入为 2 000 万元，其他业务收入 100 万，主营业务成本为 1 200 万元，其他业务成本为 60 万元，税金及附加为 20 万元，销售费用为 40 万元，管理费用为 100 万元，其中：研发费用为 20 万元，财务费用为 20 万元，利息费用 18 万元，利息收入 0. 6 万元，投资收益为 80 万元，资产减值损失为 140 万元（损失），公允价值变动损益为 160 万元（收益），营业外收入为 50 万元，营业外支出为 30 万元。

要求：试编制该企业 2019 年利润表（编制“利润总额”即可）。

财务会计模拟试卷（四）

一、单项选择题（共20题，每小题1.5分，共30分）

1. 企业对采用成本模式进行后续计量的投资性房地产摊销时，应该借记（ ）科目。

A. 投资收益　　B. 其他业务成本
C. 营业外收入　　D. 管理费用

2. 存货转换为采用公允价值模式计量的投资性房地产，投资性房地产应当按照转换当日的公允价值计量。转换当日的公允价值小于原账面价值的其差额通过（ ）科目核算。

A. 营业外支出　　B. 公允价值变动损益
C. 投资收益　　D. 其他业务收入

3. 关于金融资产的重分类，下列说法中正确的是（ ）。

A. 交易性金融资产不可以和以摊余成本计量的金融资产进行重分类
B. 交易性金融资产和以公允价值计量且其变动计入其他综合收益的金融资产之间不能进行重分类
C. 以公允价值计量且其变动计入其他综合收益的金融资产可以随意和以摊余成本计量的金融资产进行重分类
D. 交易性金融资产在符合一定条件时可以和以摊余成本计量的金融资产进行重分类

4. 持有交易性金融资产期间被投资单位宣告发放现金股利或在资产负债表日按债券票面利率计算利息时，借记“应收股利”或“应收利息”科目，贷记（ ）科目。

A. 交易性金融资产　　B. 短期投资
C. 公允价值变动损益　　D. 投资收益

5. 甲公司出资1 000万元，取得了乙公司80%的控股权，假如购买股权时乙公司的账面净资产价值为1 500万元，甲、乙公司合并前后同受一方控制。则甲公司确认的长期股权投资成本为（ ）万元。

A. 1 000　　B. 1 500

C. 800　　D. 1 200

6. A、B 两家公司属于非同一控制下的独立公司。A 公司于 2019 年 9 月 1 日以本企业的固定资产对 B 公司投资，取得 B 公司 60%的股份。该固定资产原值 1 500 万元，已计提折旧 400 万元，已提取减值准备 50 万元，9 月 1 日该固定资产公允价值为 1 300 万元。B 公司 2019 年 9 月 1 日所有者权益为 2 000 万元。甲公司该项长期股权投资的成本为（　　）万元。

A. 1 500　　B. 1 050

C. 1 300　　D. 1 200

7. 根据《企业会计准则第 2 号——长期股权投资》的规定，长期股权投资采用权益法核算时，初始投资成本大于应享有被投资单位可辨认资产公允价值份额之间的差额，正确的会计处理是（　　）。

A. 计入投资收益　　B. 冲减资本公积

C. 计入营业外收入　　D. 不调整初始投资成本

8. 采用支付手续费方式的委托代销，委托方确认收入的时点是（　　）。

A. 委托方收到代销清单时　　B. 受托方销售商品时

C. 委托方交付商品时　　D. 委托方收到货款时

9. 2019 年 9 月 1 日，甲公司向乙公司销售商品 5 000 件，每件售价为 20 元（不含增值税），甲、乙公司均为增值税一般纳税人，销售商品适用的增值税率均为 16%。甲公司向乙公司销售商品给予 10%的商业折扣，提供的现金折扣为 2/10、1/20、n/30，并代垫运杂费 1 000 元。乙公司于 2019 年 9 月 15 日付款。不考虑其他因素，甲公司在该项交易中应确认的收入是（　　）。

A. 90 000 元　　B. 99 000 元

C. 100 000　　D. 101 000

10. 下列各项交易或事项中，会影响发生当期营业利润的有（　　）。

A. 以公允价值模式进行后续计量的投资性房地产持有期间公允价值发生变动

B. 由于合同违约向对方支付违约金

C. 开发无形资产时发生符合资本化条件的支出

D. 自营建造固定资产期间处置工程物资取得净收益

11. 甲企业以一栋办公楼换入一台生产设备和一辆汽车 。换出办公楼的账面原值为 600 万元，以计提折旧 360 万元，未计提减值准备，公允价值为 300 万元；换入生产设备和汽车的账面价值分别为 180 万元和 120 万元，公允价值分别为 200 万元和 100 万元。该交换具有商业实质，假定不考虑相关税费。该公司换入汽车的入账价值为（　　）万元。

A. 60　　B. 100

C. 80　　D. 112

12. 在债务人发生财务困难的前提下，下列选项中不属于债务重组的是（　　）。

A. 债务人以公允价值 100 万元的厂房偿还账面余额为 100 万元的债务

B. 债务人以公允价值 50 万元的交易性金融资产偿还账面余额为 100 万元的债务

C. 债权人减免部分债务，并将剩余债务的还款期推迟两年

D. 债权人要求债务人用其一项公允价值为 105 万元的无形资产（符合免征增值税的条件）偿还账面余额为 130 万元的债务

13. 下列各项关于或有事项会计处理的表述中，不正确的是（　　）。

A. 因亏损合同预计产生的损失，在满足预计负债确认条件时，应当确认预计负债

B. 因或有事项产生的潜在义务应当确认为预计负债

C. 重组计划对外公告前不应就重组义务确认预计负债

D. 对期限较长的预计负债进行计量时应考虑货币时间价值的影响

14. 2019 年 11 月，湖南沙沙门业有限公司因污水排放对环境造成污染被周围居民提起诉讼。2019 年 12 月 31 日，该案件尚未一审判决。根据以往类似案例及公司法律顾问的判断，湖南沙沙门业有限公司很可能败诉。如败诉，预计赔偿 2 000 万元的可能性为 70%，预计赔偿 1 800 万元的可能性为 30%。假定不考虑其他因素，该事项对湖南沙沙门业有限公司 2019 年利润总额的影响金额为（　　）万元。

A. −1 800　　B. −1 900

C. −1 940　　D. −2 000

15. 下列资产中不属于货币性资产的是（　　）。

A. 应收票据　　B. 应收账款

C. 预付账款　　D. 准备持有至到期的债券投资

16. 2019 年 2 月 1 日，湖南沙沙门业有限公司公司为建造一栋厂房向银行取得一笔专门借款。2019 年 3 月 5 日，以该贷款支付前期订购的工程物资款，因征地拆迁发生纠纷，该厂房延迟至 2019 年 7 月 1 日才开工兴建，开始支付其他工程款，2020 年 2 月 28 日，该厂房建造完成，达到预定可使用状态。2020 年 4 月 30 日，甲公司办理工程竣工决算，不考虑其他因素，甲公司该笔借款费用的资本化期间为（　　）。

A. 2019 年 2 月 1 日至 2020 年 4 月 30 日

B. 2019 年 3 月 5 日至 2020 年 2 月 28 日

C. 2019 年 7 月 1 日至 2020 年 2 月 28 日

D. 2019 年 7 月 1 日至 2020 年 4 月 30 日

17. 新华公司使用的所得税税率为 25%，采用资产负债表债务法核算所得税。新华公司 2019 年年初坏账准备的余额为 0。2019 年 12 月 31 日应收账款余额为 2 300 万元，该公司期末对应收账款计提了 200 万元的坏账准备。按照税法规定，应收账款计提的坏账准备在发生实质性损失之前不允许税前扣除。则 2019 年 12 月 31 日该项应收账款对递延所得

税的影响为（　　）。

A. 应确认递延所得税资产 50 万元　　B. 应确认递延所得税资产-50 万元

C. 应确认递延所得税负债 50 万元　　D. 应确认递延所得税负债-50 万元

18. 下列各项确认的递延所得税不对应所得税费用科目的是（　　）。

A. “非交易性权益工具投资的公允价值变动”

B. “交易性金融资产公允价值变动”

C. “存货计提减值准备”

D. “应收账款计提坏账”

19. 某企业 2019 年主营业务收入为 1 000 万元，其他业务收入 100 万元，2018 年应收账款的年初数为 150 万元，期末数为 120 万元，2018 年发生坏账 10 万元，计提坏账准备 12 万元。根据上述资料，该企业 2019 年“销售商品收到的现金”为（　　）万元。

A. 1 118　　B. 1 108

C. 1 142　　D. 1 132

20. 现金流量表是以（　　）为基础编制的会计报表。

A. 权责发生制　　B. 收付实现制

C. 应收应付制　　D. 费用配比制

二、多项选择题（共 10 题，每小题 2 分，共 20 分）

1. 关于投资性房地产的计量模式，下列说法中正确的是（　　）。

A. 已经采用公允价值模式计量的投资性房地产，不得从公允价值模式转为成本模式

B. 已经采用成本模式计量的投资性房地产，不得从成本模式转为公允价值模式

C. 采用公允价值模式计量的，不对投资性房地产计提折旧或进行摊销

D. 企业对投资性房地产计量模式一经确定不得随意变更

2. 下列各项中，应作为以摊余成本计量的金融资产取得时初始成本入账的有（　　）。

A. 投资时支付的不含应收利息的价款

B. 投资时支付的手续费

C. 投资时支付的税费

D. 投资时支付款项中所含的已到期尚未发放的利息

3. 根据《企业会计准则第 2 号——长期股权投资》的规定，长期股权投资采用成本法核算时，下列各项会引起长期股权投资账面价值变动的有（　　）。

A. 追加投资　　B. 减少投资

C. 被投资企业实现净利润　　D. 被投资企业宣告发放现金股利

4. 下列各项关于现金折扣、商业折扣、销售折让的会计处理的表述中，不正确的有

（　　）。

A. 现金折扣在实际发生时计入财务费用

B. 现金折扣在确认销售收入时计入财务费用

C. 已确认收入的售出商品发生销售折让的，通常应当在发生时冲减当期销售商品收入

D. 商业折扣在确认销售收入时计入销售费用

5. 下列各项中应计入销售费用的有（　　）。

A. 销售商品发生的销售折让

B. 销售商品过程中发生的保险费

C. 广告费

D. 销售机构的职工薪酬

6. 在关于债务重组中以非现金资产方式清偿债务的会计处理中不正确的有（　　）。

A. 以非现金资产清偿债务的，债务人在进行会计处理时，视同处置非现金资产

B. 以固定资产清偿债务的，债务人应将固定资产公允价值与账面价值之间的差额，计入债务重组利得

C. 以存货清偿债务的，债务人应将存货公允价值与账面价值之间的差额确认为处置资产利得

D. 以交易性金融资产清偿债务的，债务人应将交易性金融资产公允价值与账面价值之间的差额，计入营业外收入或营业外支出

7. 关于亏损合同的会计处理正确的有（　　）。

A. 亏损合同确认预计负债时，预计负债的计量应当反映退出该合同的最低净成本，即履行该合同的成本与未能履行该合同而发生的补偿或处罚两者之中的较低者

B. 如果与亏损合同相关的义务不可撤销，企业就存在了现实义务，同时满足该义务很可能导致经济利益流出企业且金额能够可靠地计量的，应当确认为预计负债

C. 待执行合同变为亏损合同的，合同存在标的资产的，应当对标的资产进行减值测试并按规定确认减值损失，在这种情况下企业通常不确认预计负债；如果预计亏损超过该减值损失，应将超过部分确认为预计负债

D. 待执行合同变为亏损合同的，合同不存在标的资产的，亏损合同相关义务满足预计负债确认条件时，应该确认预计负债

8. 在确定借款费用暂停资本化的期间时，应当区别正常中断和非正常中断，下列各项中，属于非正常中断的有（　　）。

A. 质量纠纷导致的中断　　　　B. 安全事故导致的中断

C. 劳动纠纷导致的中断　　　　　　　　D. 资金周围困难导致的中断

9. 下列交易或事项产生的现金流量中，属于投资活动产生的现金流量的有（　　）。

A. 为购建固定资产支付的耕地占用税

B. 转让一项专利权，取得价款 200 万元

C. 因火灾造成固定资产损失而收到的保险赔款

D. 融资租赁方式租入固定资产所支付的租金

10. 下列各项中，假设递延所得税均对应所得税费用，则下列能够增加递延所得税费用金额的有（　　）。

A. 递延所得税资产借方发生额

B. 递延所得税资产贷方发生额

C. 递延所得税负债借方发生额

D. 递延所得税负债贷方发生额

三、判断题（共 10 题，每小题 1 分，共 10 分）

1. 已采用公允价值模式计量的投资性房地产，不得从公允价值模式转为成本模式。（　　）

2. 企业取得非交易性权益工具投资时支付的交易费用应计入投资收益。（　　）

3. 被投资单位以盈余公积弥补亏损和以资本公积转增资本时，投资企业不需要进行账务处理。（　　）

4. 应收账款可能发生坏账，将来收取的货币是不确定的，因此，应收账款属于非货币性资产。（　　）

5. 如果债务人以低于重组应付债务的账面价值的现金清偿债务，则债权人确认的利得与债务人确认的债务重组损失金额是相等。（　　）

6. 亏损合同产生的义务满足预计负债条件，应当确认为预计负债，预计负债的计量应当反映退出该合同的最低净成本，即履行该合同的成本与未能履行该合同而发生补偿或处罚两者之中的较低者。（　　）

7. 资本化期间，是指从借款费用开始资本化时点至停止资本化时点的期间。（　　）

8. 以公允价值计量且其变动计入其他综合收益的金融资产公允价值下降应确认的递延所得税资产对应所得税费用。（　　）

9. 已支付的广告费用中超标部分计税基础为超过标准部分。（　　）

10. 现金流量表中的“现金”即为货币资金。（　　）

四、业务分析题（共 3 题，每小题 10 分，共 30 分）

1. 甲公司有关投资性房地产的资料如下：

（1）2019 年 1 月，甲公司购入一幢建筑物，取得价款为 600 万元，款项以银行存款转账支付，不考虑相关税费。购入当月起即用于对外经营租赁。

（2）甲公司对该房地产采用成本模式进行后续计量。

（3）甲公司购入的上述用于出租的建筑物预计使用寿命为 10 年，预计净残值为 36 万元，采用年限平均法按年计提折旧。

（4）甲公司该项房地产 2018 年取得租金收入为 100 万元，已存入银行。假定不考虑其他相关税费。

（5）2019 年 12 月 31 日，甲公司将原用于出租的建筑物出售，实得价款 700 万，不考虑相关税费。

要求：

（1）编制甲公司 2019 年 1 月取得该项建筑物的会计分录。

（2）计算 2019 年度甲公司对该项建筑物计提的折旧额，并编制相应的会计分录。

（3）编制甲公司 2019 年取得该项建筑物租金收入的会计分录。

（4）编制甲公司 2019 年出售该项建筑物的会计分录。

2. 2018 年 2 月 1 日，中德公司以银行存款 1 000 万元取得 B 公司 80%的股份。该项投资属于非同一控制下的企业合并，B 公司所有者权益的账面价值 1 500 万元。2018 年 5 月 2 日，B 公司宣告分配现金股利 200 万元，5 月 20 日已收到股利，2018 年度 B 公司实现利润 200 万元。2019 年 5 月 2 日，B 公司宣告分配现金股利 300 万元，5 月 15 日收到此股利，2019 年度 B 公司发生亏损 300 万元。

要求：做出中德公司上述股权投资的会计处理。

3. 湖南沙沙门业有限公司于 2017 年 2 月 1 日销售给丁公司产品一批，应收价款为 3 000万元（含税），双方约定 4 个月后付款；丁公司因发生财务困难无法按期支付该笔款项。至 2017 年 12 月 31 日湖南沙沙门业有限公司仍未收到款项，湖南沙沙门业有限公司已对该应收账款计提坏账准备 510 万元。2017 年 12 月 31 日，湖南沙沙门业有限公司与丁公司进行债务重组，同意丁公司以公允价值为 2 000 万元的自产产品偿还全部债务，适用的增值税税率为 16%。丁公司自产产品成本为 1 500 万元（未计提存货跌价准备）。沙沙门业取得的该批商品作为库存商品核算。假设不考虑其他相关税费。

要求：分别编制湖南沙沙门业有限公司和丁公司债务重组的会计分录。

（答案中的金额单位以万元表示）

五、综合题（共 10 分）

甲公司 2019 年度实现的利润总额为 2 000 万元，所得税采用资产负债表债务法核算，适用的所得税税率为 25%，递延所得税资产和递延所得税负债期初无余额。甲公司 2019 年度与所得税有关的经济业务如下：

（1）2018 年 12 月购入管理用固定资产，原价为 300 万元，预计净残值为 15 万元，预计使用年限为 10 年，按双倍余额递减法计提折旧，税法按年限平均法计提折旧，折旧年限与预计净残值和会计规定相一致。

（2）2019 年 1 月 1 日，甲公司支付价款 120 万元购入一项专利技术，企业根据各方面情况判断，无法合理预计其为企业带来的经济利益的期限，将其视为使用寿命不确定的无形资产。假定税法规定此专利技术摊销年限为 10 年，采用直线法摊销，无残值。2019 年 12 月 31 日，该无形资产的可收回金额为 90 万元。

（3）2019 年甲公司因销售产品承诺 3 年的保修服务，年末预计负债账面余额为 80 万元，当年度未发生任何保修支出，按照税法规定，与产品售后服务有关的费用在实际支付时抵扣。

（4）2019 年 8 月 4 日购入一项以公允价值计量且其变动计入其他综合收益的金融资产（债务工具），取得成本为 900 万元，2019 年 12 月 31 日该项以公允价值计量且其变动计入其他综合收益的金融资产（债务工具）公允价值为 1 020 万元，假定税法规定，以公允价值计量且其变动计入其他综合收益的金融资产（债务工具）持有期间公允价值变动金额不计入应纳税所得额，待出售时一并计入应纳税所得额。

假定不考虑其他因素。

要求：

（1）计算甲公司 2019 年应纳税所得额和应交所得税金额。

（2）计算甲公司 2019 年 12 月 31 日递延所得税资产和递延所得税负债余额。

（3）计算甲公司 2019 年所得税费用金额并编制与所得税相关的会计分录。